Wir sind Faust

Dieter Strauss

Wir sind Faust

Teufelspakt und Erlösung bei Goethe, Thomas Mann und Klaus Mann

PETER LANG

Bibliografische Information der Deutschen Nationalbibliothek
Die Deutsche Nationalbibliothek verzeichnet diese Publikation in der Deutschen Nationalbibliografie; detaillierte bibliografische Daten sind im Internet über http://dnb.d-nb.de abrufbar.

Umschlaggestaltung unter Verwendung des Fotos „Himmelsleiter“
von Erwin Purucker, www.panoptikum.net

ISBN 978-3-631-74754-4 (Print)
E-ISBN 978-3-631-76049-9 (E-PDF)
E-ISBN 978-3-631-76050-5 (EPUB)
E-ISBN 978-3-631-76051-2 (MOBI)
DOI: 10.3726/b14330

Peter Lang – Berlin · Bern · Bruxelles · New York ·
Oxford · Warszawa · Wien

Diese Publikation wurde begutachtet.

www.peterlang.com

Inhaltsverzeichnis

Ouvertüre zum Thema „Faust"

Endlich ist der erwartete Moment gekommen, 1995 im Goethe-Institut Sao Paulo: das betörende und legendäre Elfenprinzchen „Echo" aus dem „Doktor Faustus" von Thomas Mann steht vor mir. Nein, natürlich nicht das Original, das stirbt ja im „Doktor Faustus" einen grausamen Tod an Meningitis. Sein Modell Frido Mann ist gekommen, um sein gerade ins Portugiesische übersetzte Buch „Teresin – oder der Führer schenkt den Juden eine Stadt, eine Parabel" (1994) dem brasilianischen Publikum vorzustellen. Frido Mann, außerordentlich wie sein literarisches Alter Ego: diplomierter Pianist und Dirigent, promovierter katholischer Theologe und habilitierter Psychologe, über Jahre an der Universität Münster Professor für Ethik in der Medizinerausbildung. Und natürlich Schriftsteller: Noblesse oblige! Klar, dass damit mein Interesse für den „Doktor Faustus" wieder geweckt wird, ganz abgesehen von dem Leben der brasilianischen Urgroßmutter Julia von Frido Mann, die Leben und Werk ihrer literarischen Familie nachhaltig beeinflusst hat. Allein Frido Mann hat eine Trilogie über seine brasilianischen Wurzeln geschrieben, die Romane „Brasa" (1999), „Hexenkinder" (2000) und „Nachthorn" (2002).

„Sie müssen ihm Pralinen mitbringen, er ist ein ganz ‚Süßer', dann erzählt er ihnen noch viel lieber über die Manns", raunt mir nach meiner Versetzung an das Goethe-Institut Paris im Jahr 2000 die einige Jahrzehnte jüngere Frau von Igor Pahlen schalkhaft zu, dem damals rund fünfundachtzigjährigen Schauspieler aus der „Pfeffermühle" Erika und Klaus Manns. Schnell entwickelt sich bei mir die Idee, eine Ausstellung und ein Buch über das Exil von Klaus Mann in Frankreich zu erarbeiten. Natürlich spielt darin sein „Mephisto" eine Rolle.

Und seine Tagebücher stoßen mich dann erneut auf den Fauststoff, dieses Mal von Goethe, der mich sowieso schon vor dem Hintergrund des „Doktor Faustus" von Thomas Mann und seinen beiden Goethe-Reden 1949 zum zweihundertsten Geburtstag des Dichters in der Frankfurter Paulskirche und in Weimar zunehmend beschäftigt: Goethe habe, so Thomas Mann, einen *geöffneten Blick für die Widersprüche, für das Böse im Guten, die Verderbnis der Idee durch ihre Verwirklichung, die fundamentale Tragik des Menschenlebens.*[1] Wer muss da nicht an Faust und besonders an seine von Verbrechen begleitete Kolonisierung denken?

Abbildung 1: Das bezaubernde Modell des Elfenprinzchens Echo aus dem „Doktor Faustus“ zeigt Frido Mann zusammen mit seinem Onkel Klaus Mann (Privatarchiv Frido Mann). Frido Mann, Lieblingsenkel von Thomas Mann, besucht mich 1995 im Goethe-Institut Sao Paulo und regt mich zu dem Festival um Julia Mann, die brasilianische Mutter von Heinrich und Thomas Mann, an. Ein Anstoß, der letzten Endes auch zu diesem Buch führt.

Wo sind in den drei Werken von Goethe, Thomas Mann und Klaus Mann die Parallelen vor allem beim Teufelspakt und in der Frage der Erlösung? Wer wird am Ende erlöst, Goethes Faust oder Thomas Manns Komponist Adrian Leverkühn? Oder beide? Oder keiner? Und wie steht es mit dem Generalintendanten Klaus Manns am Ende seines Mephisto-Romans? Und wie mit Deutschland nach dem Zweiten Weltkrieg, das ja im „Doktor Faustus“ gespiegelt wird? Kann sich dieses geschlagene Land nach den NS-Verbrechen wieder in die Staatengemeinschaft eingliedern? Sir Hartley

Showcross äußert jedenfalls in seinem Schlussplädoyer des Nürnberger Prozesses am 27. Juli 1946 mit einem angeblichen Goethe-Zitat seine erheblichen Zweifel: *das Schicksal wird sie schlagen* (das deutsche Volk), *weil sie sich selbst verrieten ... sich jedem verrückten Schurken gläubig hingeben, der ihr Niedrigstes aufruft, sie in ihren Lastern bestärkt...*[2]. Dass es sich um ein Zitat aus „Lotte in Weimar" von Thomas Mann handelt, ist dem Nürnberger Ankläger dabei nicht bewusst.

Spannende Fragen, die mich nicht mehr loslassen und endlich in diesem Buch beantwortet werden sollen.

Ich werde sorgen, dass die Teile anmutig und unterhaltend sind, und etwas denken lassen .... Im Übrigen werde „Faust II" Fragment bleiben[3], meint Goethe zu Schiller, als der ihn zur Eile drängt. Das gilt auch für dieses Buch: Es soll unterhalten und informieren. Das wird nicht ganz einfach, besonders nicht bei Goethes „Faust", dessen Hauptidee selbst er nicht aussprechen kann, wie er seinem Eckermann versichert[4]. Oder vielleicht doch? *Vom Himmel durch die Welt zur Hölle, das wäre zur Not etwas;* fährt er in dem Gespräch mit Eckermann fort und verlangt dann, dass ein *immerfort zum Besseren aufstrebender Mensch zu erlösen sei*[5]. Wie das? Wieso geht Faust dann zur Hölle? Liegt hier nicht ein Widerspruch vor? Hat Goethe seine Szenen doch „auf das Geratewohl" und „in das Blaue hinein gedichtet", wie der Jenaer Historiker Heinrich Luden Goethe gegenüber und nicht zu dessen Freude um 1806 vermutet[6], und dann seine einzelnen Perlen auf eine Schnur aufgezogen?

Es bleibt also spannend, mehr als das. Wer geht zur Hölle, wer bleibt dort und wer kann in den Himmel aufsteigen? Goethes Faust? Thomas Manns Adrian Leverkühn? Oder Klaus Manns Generalintendant?

Drängende Fragen, die den folgenden Aufbau dieses Buches mehr als nahelegen: auf die Beschreibung des Teufelspakts bei Klaus Mann und Thomas Mann sowie bei Goethe folgt die Erlösungsfrage in der Reihenfolge Goethe, Thomas und Klaus Mann.

Anschließend werden Weg und Entwicklung gezeigt, die die drei Protagonisten, Klaus Manns Theaterintendant Hendrik Höfgen, Thomas Manns Komponist Adrian Leverkühn und Goethes Faust, über den Teufelspakt bis zu der letzten entscheidenden Etappe ihrer Erlösung oder verweigerten Errettung zurücklegen.

Nach der jeweiligen Wegbeschreibung werden die äußeren Anstöße beschrieben, die die drei Autoren zu dieser faustischen Thematik bewegt haben, und wird deutlich gemacht, welche innere Bereitschaft dafür bei ihnen vorliegt. Ein Literaturverzeichnis mit Leseempfehlungen schließt das Buch ab.

Wenn Ihre letzten Leseerfahrungen mit den drei behandelten Werken länger zurückliegen, dann empfiehlt es sich, mit den Wegbeschreibungen zu beginnen und dann erst zu dem Teufelspakt und den Erlösungsfragen zu greifen. Natürlich können Sie sich auch auf einen Autor beschränken und über das Weg-Kapitel zu dem Pakt und zu der Erlösungsfrage vorstoßen.

Spannender ist natürlich der vorgeschlagene Ablauf, mit dem Paukenschlag des Teufelspaktes und der dramatischen und erregenden Frage nach der Lossprechung zu beginnen, und dann die Wegbeschreibung zu lesen und sich über die Anregungen der drei Autoren zu der Faust-Thematik zu informieren.

Wesentliche Anstöße, die mich zu der Faust-Thematik geführt haben, sind schon erwähnt. Die Kontakte mit der Mann-Familie gehen aber viel tiefer und weiter zurück, auch wenn Klaus Mann in seinem Tagebuch am 14.12.1947 notiert: *16h: Herr ‚Strauss‘ überflüssig*[7]. Im Wintersemester 1976/77 kommt der Bratschist und Germanistik-Professor an der Universität Berkeley Michael Mann, der Jüngste von Thomas Mann, zu uns an das Goethe-Institut Amsterdam. Im graugrünen Parker, mit einem Gipsbein, er ist vor Kurzem bei einem Vortrag von der Bühne gestürzt. Im Rucksack sind die Originale der Tagebücher seines Vaters verstaut. Die dürfen ja erst zwanzig Jahre nach dessen Tod vorgestellt und veröffentlicht werden. Die Publikation ist noch nicht erfolgt, aber wir durchkreuzen die Niederlande und stellen die originalen Tagebücher an einigen holländischen Universitäten vor. Dass ich den Rucksack erst vom zweiten Tag an tragen darf, hat einen einfachen Grund: nein, nicht die Original-Tagebücher, zumindest nicht allein, sondern eine gute Flasche Whisky, „Malt“ natürlich! Besonders interessant für mich, dass Michael Mann wenig später kurz vor seinem Tod in der Silvesternacht 1976/77 seinen Kompass und seinen „Faust“ von Goethe seiner Schwester Elisabeth, der Meeresforscherin, übergibt, Kompass und Buch brauche er nicht mehr. Ein Hinweis darauf, dass sein Tod aufgrund von einem Alkohol- und Medikamentenexzess ein Suizid war?

Knapp zwanzig Jahre später lerne ich dann in Sao Paulo seinen Sohn Frido Mann am Goethe-Institut kennen und werde zu der Ausstellung über Julia Mann, der starken Brasilianerin hinter der Schriftstellerfamilie, verführt. Bei der Vernissage in Paraty, dem ehemaligen Gold-, Zuckerrohr- und Kaffee-Hafen zwischen Rio de Janeiro und Sao Paulo ist dann auch Ludvik Mann dabei, der Enkel von Heinrich Mann. Er schwärmt uns von seinen Plänen vor, auf einer Salvador Bahia vorgelagerten Insel ein kleines Paradies zur Förderung der erotischen Kultur, der freien Liebe zu gründen. Wohl ganz im Fahrwasser seines Großvaters Heinrich, der sich mit seinen frühen Romanen wie „Zwischen den Rassen“. „Die Göttinnen“ oder „Die Jagd nach Liebe“ ebenfalls über die gesellschaftlichen Zwänge hinwegsetzt und die Sinnlichkeit aus ihren Fesseln erlöst.[8]

Wieder fünf Jahre später dann in Paris die Begegnung mit dem Pfeffermühlen-Schauspieler Igor Pahlen und seinen Erzählungen über die „crazy family“. Klaus Mann hat ihn wohl zum letzten Mal am 17. September 1947 in Paris getroffen. Anfang 2001 kommt dann Marianne Hoppe, Schauspielerin und nach Erika Mann zweite Frau Gustaf Gründgens, zu der Avant-Premiere im Goethe-Institut ihres Dokumentarfilms „Die Königin“ von Werner Schröter für mehrere Tage nach Paris und erzählt mir viel über ihren Gründgens und die Familie Mann. Kontakte, die sich häufen und mich immer wieder an die Manns erinnern und mich zusätzlich motivieren, die Faust-Problematik bei Thomas Mann und Klaus Mann sowie bei Goethe zu beschreiben.

Der Teufelspakt

Bühne frei für den Teufelspakt in **Klaus Manns „Mephisto"**:

So ist denn alles, was ihr Sünde,/ Zerstörung, kurz das Böse nennt / mein eigentliches Element[1], faucht der durchtriebene Mephisto Faust an. Da kann der preußische Ministerpräsident in seiner Loge nur noch begeistert nicken: dieser Mephisto ist ganz nach seinem Geschmack, der ist sein Mann! Dem streckt er dann in der Pause seine Hand hin. Gratuliert er ihm nur zu seinem gekonnten Spiel oder schließt der Mächtige mit dem Schauspieler einen Pakt? Dass es um ein Bündnis geht, danach sieht es für alle aus, die das Treffen oben in der Loge zwischen dem einflussreichen Politiker und dem begabten Schauspieler neugierig und gebannt aus dem Parkett beobachten. Ein Abkommen, das selbstverständlich eine klare Bedingung hat: der Schauspieler darf nicht gegen die Regeln der Nazi-Diktatur verstoßen und schon gar nicht ihre Verbrechen anprangern.

Eine brillante Szene, die sich in Klaus Manns Roman während der Aufführung von Goethes „Faust" zwischen dem preußischen Ministerpräsidenten und Mephisto, dem Schauspieler Hendrik Höfgen, im Frühjahr 1933 im Berliner Staatstheater abspielt. Der bezauberte Politiker lädt Mephisto während der Pause in seine Loge. Dass es sich bei ihm um *Liebe auf den ersten Blick* (228) handelt, darüber ist sich Lotte Lindenthal, Schauspieler-Kollegin Höfgens und spätere Ehefrau des Ministerpräsidenten, ganz sicher. Da gibt es gar keinen Zweifel, zu unwiderstehlich ist Höfgen in dieser Rolle, die nicht nur ihm auf den Leib geschrieben ist, sondern auch dem Mächtigen.

Leicht erratbar, dass der NS-Politiker Hermann Göring, der im Nürnberger-Prozess zum Tode verurteilt wird, für den Ministerpräsidenten Modell steht, dass Mephisto auf Gustaf Gründgens fußt und Lotte Lindenthal auf Emmy Sonnemann, kurz, dass es sich um einen Schlüsselroman handelt[2].

Der Pakt wird dann in Leben und Fiktion bestätigt und vertieft: im Januar 1936 auf dem pompösen Geburtstagsball von Hermann Göring im Berliner Opernhaus, an dem Gustaf Gründgens teilnimmt, und ausführlich und brillant in Klaus Manns Roman, in dem Hendrik Höfgen die Festrede hält (11ff): die ganz große internationale Welt, angeheizt durch mitreißende Jazzmusik, die eigentlich im Dritten Reich verpönt ist, drängt sich auf dem großen Ball in Klaus Manns Roman. Niemand fehlt, nur der Diktator, der lässt sich wegen läppischer Halsschmerzen entschuldigen. *Den faden süßlichen Gestank des Blutes, den man zwar liebte und von dem das ganze Land erfüllt war* (16), den will aber diese *Gesellschaft von zweitausend Sklaven, Mitläufern, Betrügern, Betrogenen und Narren* (19) nicht bemerken, schon gar nicht der feiernde Ministerpräsident. Und so kommen in Höfgens Geburtstagsrede nur Heucheleien, Lügen und nochmals Lügen vor. Wie könnte das bei dem geschlossenen Pakt anders sein?

Eine Feier, die den Teufelspakt bestätigt, aus dem sich weder der fiktive Höfgen bei Klaus Mann noch Gründgens befreien können. Genauso wenig wie der Intendant in István Szabos „Mephisto-Film" aus dem Jahre 1981, der um Mitternacht von Göring auf dem Spielfeld des Berliner Olympiastadions mit riesigen Verfolgungsscheinwerfern eingekreist wird und jämmerlich zusammenbricht.

Szenenwechsel zu **Thomas Manns „Doktor Faustus"**, zu dem dramatischen Teufelsbesuch im Haus der Manardis in Palaestrina in der Nähe von Rom, in dem der Komponist Adrian Leverkühn, der Protagonist des Romans, mehrere längere Arbeitsaufenthalte verbringt:

Er sitzt an einem Abend allein in dem Saal des Hauses unter einer Stehlampe und liest ruhig Kierkegaard über Mozarts „Don Juan". Da überfällt ihn plötzlich eine schneidende Kältewelle: er ist nicht mehr allein im Raum, nein, in dem Dämmerlicht sitzt jemand vor ihm mitten im Zimmer auf dem Sofa, von dem der eisige Wind ausgeht: der Teufel, davon ist Leverkühn schnell überzeugt, der lang Erwartete (296 ff.). Der will mit Adrian Geschäfte machen, will ihm *verteufelte Zeit* (307) verkaufen, für vierundzwanzig Jahre, die ihm ermöglicht, sein Künstlertum über jedes menschliche Maß zu steigern und die scheinbar unüberwindlichen Schwierigkeiten des heutigen Komponierens, gegen die er schon länger ankämpft, zu überwinden. Dafür hat er sich nach der ausgemachten Frist mit Leib und Seele an den Teufel auszuliefern. In seine schalldichte Hölle *tief unter Gottes Gehör* (327 ff.), in der alles, wirklich alles zu Ende Ist: jedes Verzeihen, jede Barmherzigkeit, jede Milde und das in Ewigkeit. Die Höllenbewohner haben nur die Wahl zwischen schneidender Kälte und glühender Siedehitze.

Der Pakt hat eine tückische Bedingung, die schon Adrians Leben zur Hölle macht: die Absage an die Liebe. *Du darfst nicht lieben* (331 f.), lautet das harte Diktat des Teufels. Seine Beziehungen zu Anderen sollen kalt, sollen empfindungslos sein. Er habe nur die Wahl, in seine Musik zu flüchten.

Verständlich, dass Charly Chaplin mehr als interessiert ist, als ihm Thomas Mann über seinen Faust erzählt: *That's fascinating*, meint er, *That may be happen to be your greatest book*[3]. Und Erika Mann schreibt ihrem Vater am Neujahrstag 1947: *Read all night. Shall go into new year reddened eyes but happy heart.* Sie frage sich wirklich, wie er so was zustande bringen könne[4].

Gratulieren kann man Adrian Leverkühn aber ganz und gar nicht zu seinem Teufelspakt. Oder kann er sich aus ihm befreien und wird erlöst? Auch für Deutschland, für das der Komponist stellvertretend steht, stellt sich zum Zeitpunkt des Teufelspaktes die bange Frage, ob es ebenfalls zugrunde geht und wenn ja, ob es danach die Chance zum Wiedereintritt in die demokratische Staatengemeinschaft erhält. Mehr als nachvollziehbar, dass Thomas Mann nie *eine Arbeit so erregt und bewegt* hat wie dieser Musik- und Deutschland-Roman[5], den er für sein *wildestes* und *schrecklichstes Buch* hält[6], für die *verzerrte, dämonische Wiedergabe und Bloßstellung* seines Lebens[7].
Blickwechsel auf **Goethes Faust:**

Welch ein Gespenst bracht ich ins Haus!/ Schon sieht er wie ein Nilpferd aus./ Mit feurigen Augen, schrecklichem Gebiss,/ O! Du bist mir gewiss![8]. Wie recht Faust mit seinem Kommentar in Goethes „Faust I" zu des *Pudels Kern* (1323) hat, aus dem sich Mephisto in seinem Studierzimmer langsam herausschält: Den wird er in seinem Leben nicht mehr los, Mephisto for ever! Zu verführerisch erscheint ihm das Programm Mephistos, das ihn aus seiner Midlife-Crisis, seinem Wissens- und Weltüberdruss, reißen soll: die verführerischen Reisen in die kleine und die große Welt. Und die Gegenleistung Fausts? Die formuliert Mephisto glasklar: nach seinem Tod hat er ihm in der Hölle zu dienen, ganz so, wie er Faust auf Erden zur Seite steht (1658). Dass er dabei nie von dem konsumierbaren Angebot Mephistos vollständig befriedigt wird, das ist für Faust überhaupt keine Frage, er ist eben mehr als ein reiner Konsument, da ist er sich ganz sicher[9]. Daher macht er auch mit leichter Hand zur Grundbedingung seines Paktes mit dem Teufel, dass er nie ganz zufrieden und glücklich gemacht werden darf: *Werd ich zum Augenblicke sagen:/*Verweile doch*! du bist so schön!/ Dann magst du mich in Fesseln schlagen,/ ... Dann mag die Totenglocke schallen...* (1699) Mit *Topp!* (1698) kann da Mephisto nur noch erleichtert einschlagen.

Abbildung 2a: Der Teufelspakt: „mit einem Tröpfchen Blut". Illustrator Franz Simm, 1899. Quelle: www.goethezeitportal. Goethezeitportal, URL (http://www.goethezeitportal.de/index.php?id=6603). Alle verwendeten Illustrationen des Goethezeitportals stammen von Franz Simm, Illustrator von Goethes „Faust". Vorlage: Goethes Faust. Mit Bildern von F. Simm. Stuttgart/Leipzig 1899.

Eine Wette, die für Faust nur zu gewinnen ist, wenn der erfüllte Augenblick nie erreicht und nie als schön bezeichnet wird. Mit dem Verweilen würde Faust das Todessignal geben. Nein, er ist auf Rastlosigkeit festgelegt, auf raschen Bildwechsel, pausenlose Innovation, auf den Kult der Geschwindigkeit, auf ständige Flucht vor dem gegenwärtigen Sein in die Zukunft. Ganz nach seinem Motto: *So tauml' ich von Begierde zu Genuss/ Und im Genuss verschmacht ich nach Begierde* (3240). Seinem Begehren ist Scheitern eingeschrieben, das wird sein Lebenselexier. Und

Abbildung 2b: Der brasilianische Schmetterling Hetaera Esmeralda ist das Vorbild für den Namen und das gläserne Kleid der Esmeralda in dem „Doktor Faustus“. Fotograf unbekannt.

das Leitthema, das beide Teile der Tragödie verbindet. Zugrunde liegt sein radikaler Protest gegen alles Jetzt-, Hier- und Dasein, sein Aufbäumen gegen die Bedingungen der menschlichen Existenz, gegen Gott und die Religion. Daher ist er so sicher, die Wette eingehen und halten zu können, schließlich hängt davon seine Lebenszeit ab, die er sozusagen selbst bestimmen kann.

Ob Faust bei seinen gigantischen Landgewinnungsarbeiten und seiner rücksichtslosen Kolonisierung am Ende des zweiten Teils der Tragödie die Wette doch verliert und ob er trotzdem gerettet wird, diese Fragen machen Goethes Faust so spannend und provozieren immer wieder heftige Proteste vieler Leser und Kritiker.

Nehmen wir Mephistos Rat, so wie Faust es tut, an: *Drum frisch! Lass alles Sinnen sein/Und grad mit in die Welt hinein!* (1828) Eine mehr als spannende Reise, denn gerade Fausts Konsumrausch, sein Weltverbrauch, macht das Werk heute besonders aktuell, waren doch bereits im August 2017 die für das laufende Jahr zur Verfügung stehenden Ressourcen aufgebraucht.

Dabei steigt der Weltenergiebedarf ständig rasant an, der bis zur industriellen Revolution, also bis zu Fausts Kolonisierung und Goethes Lebensende, annähernd konstant war.

Die Erlösungsproblematik

Wird Goethes Faust gerettet?

Mein Auge war auf's hohe Meer gezogen;/ ... Da herrschet Well' auf Welle kraftbegeistert,/ Zieht sich zurück, und es ist nichts geleistet,/ Was zur Verzweiflung mich beängstigen könnte! (10198) bedrängt Goethes Faust im Hochgebirge zu Beginn des 4. Aktes des 2. Teiles Mephisto und fährt fort: *Hier möchte ich kämpfen, dies möchte' ich besiegen*[1]. Der Plan zur Landgewinnung aus dem Meer und zur Kolonisierung ist schnell gefasst.

Diese neptunische Kraftvergeudung des herrischen Meeres, die zwecklos in Zirkeln agierende Kraft der Gezeiten, ist Fausts Prozessdenken einfach diametral entgegengesetzt und könnte ihn bis zur Verzweiflung plagen und ängstigen. ‚Immer vorwärts' könnte seine Parole lauten, Wachstum ist angesagt. Der Stillstand des Meeres ist ein Stachel, gegen den er angehen muss und will: sein geplantes Neuland kann daher nur aus dem Meer gewonnen werden, da gibt es bei dem Anti-Vulkanisten Faust eigentlich auch gar keine andere Wahl. Ein Projekt, das den alles entscheidenden Einfluss auf die Erlösungsfrage ausüben wird.

Ganz nach seinem Credo: *Die Tat ist alles* (10181), greift der Dauerstürmer Faust sein Landgewinnungsprojekt sofort mit seinem Unternehmensberater Mephisto auf, mit äußerster Gewalt und Rücksichtslosigkeit: *Arbeiter schaffe Meng' auf Menge, ... bezahle, locke, presse bei!* (11552), herrscht Faust Mephisto, seinen Aufseher, seinen Vorarbeiter, an. Ganz so wie beispielsweise bei den deutschen Kolonisatoren im Pazifik, die die einheimischen Arbeiter gewaltsam verschleppen und rücksichtslos gegen ihren Willen zu dreijährigem Arbeitsdienst verpflichten: bei einem Monatslohn zwischen sechs und zehn Reichsmark, der aber erst nach der dreijährigen Dienstzeit in Handelswaren ausgezahlt wird[2].

Fausts Piraten durchkreuzen wie die Seeräuber im „Faust" Christopher Marlows die Weltmeere und schaffen mit ihren Raubzügen Schätze herbei, die notwendige finanzielle Voraussetzung für das Kolonisierungsprojekt: Raufebold, Habebald und Haltefest heißen die Anführer unter Mephistos Oberleitung, der nur eine fixe Idee kennt und danach handelt: *Man hat Gewalt, so hat man Recht./ Man fragt ums Was, und nicht ums Wie./ ... Krieg, Handel und Piraterie,/ Dreieinig sind sie, nicht zu trennen* (11184). Der Zweck heiligt die Mittel, es geht um das ‚Was', nicht um das ‚Wie'.

Faust verstrickt sich immer tiefer, seine Verbrechen potenzieren sich – ganz im Sinne der Maximen und Reflexionen Goethes: *Der Handelnde ist immer gewissenlos. Es hat niemand Gewissen als der Betrachtende ... Tat ist mit Reue, Handeln mit Sorge unlösbar verbunden*[3]. Er vergewaltigt nicht nur die Natur, sondern mit der Zerstörung der Hütte von Philemon und Baucis und ihrer Ermordung erledigt er auch die alte Welt. Die zerstörerische Fortschrittsdynamik mit ihrer Technisierung und Beschleunigung zermalmt die traditionsreiche heile Welt Philemons und Baucis, die epochale Umwälzung ist perfekt.

Dass Baucis von Anfang an Magie hinter Fausts Kolonisierung vermutet und spürt, dass er ihnen an den Kragen will, ist eine Ironie des Schicksals: *Wohl! Ein Wunder ist's gewesen!/ / ... Denn es ging das ganze Wesen/ Nicht mit rechten Dingen zu./ ... Menschenopfer mussten bluten,/ ... Gottlos ist er, ihn gelüstet/ Unsre Hütte, Unser Hain* (11111).

Der Wanderer ruft unwillkürlich begeistert *Ja* (11043), als er die arkadische Küstenlandschaft von Philemon und Baucis Jahre nach seiner Errettung vom Schiffbruch durch die Beiden erneut betritt. Damals nur noch eine übrig gebliebene Insel mitten in der Kunstwelt Fausts. Eine heile Sinn sichernde Welt, geprägt durch Tradition, Gast- und Hilfsbereitschaft, Ruhe, Liebe, Religion und Harmonie, ein Ort zum Verweilen und Glücklichsein, der das Dasein im Hier und Jetzt ermöglicht. Dem affirmativen *Ja* des Wanderers, hinter dem man durchaus Goethe sehen kann, schleudert Faust sein brutales Nein entgegen. Ihn stört diese Traditionswelt, er sieht in ihr entwicklungshemmenden Stillstand: *Verdammtes Läuten! Allzuschändlich/ Verwundet's, wie ein tückischer Schuss*; (11151) stöhnt Faust über das Bimmeln der Kapelle von Philemon und Baucis auf. Es erinnert ihn zu stark daran, dass dieser Fremdkörper immer noch mitten in seinem Reich liegt. „Genug ist nicht genug", ein Liedtitel Konstantin Weckers, der wahrlich auf Faust passt. Da ist es bis zu seinem fatalen Befehl an Mephisto nicht mehr weit: *So geht und Schafft sie mir zur Seite! – / Das schöne Gütchen kennst du ja,/ Das ich den Alten ausersah* (11275).

Ein uneindeutiges Kommando, das Ausrufungszeichen und der Bindestrich zeigen aber, dass die Betonung auf ‚zur Seite schaffen' liegt, eine

Order, die Mephisto dann auch als Liquidationsauftrag deutet. Über die Hütte fällt der todbringende Schatten von Fausts Palast: die beiden Alten fallen vor Schreck tot um, als Mephisto mit seinen Schergen angreift, und der Wanderer wird brutal niedergemacht. Die anschließende Abfackelung der Hütte und des Kirchleins mitsamt seiner Bewohner, dieser Scheiterhaufen erinnert an den jakobinischen Terror von 1792 und 1830. Faust versucht freilich die Schuld an diesen Morden von sich abzuwälzen, schließlich habe er doch von Tausch (11371) gesprochen. Dass Mephisto schon bei dem Auftrag Gewalt (11278) erwähnt, schiebt er lässig beiseite. Er akzeptiert nur seine Voreiligkeit, der ganze Vorfall ist für ihn nur eine Panne. Wo gehobelt wird, fallen Späne: Opfer bzw. terroristische, mephistophelische Akte sind eben notwendig als Mittel zum übergeordneten Zweck. Ganz wie bei den Jakobinern oder später den Kommunisten.

Fausts Neue Welt kann nur auf den Trümmern der alten erwachsen, deren bejahten Gegenwartsbezug, deren genügsame Existenz und Selbstbegrenzung Faust einfach nicht ertragen kann. Philemon und Baucis sowie der Wanderer sind naturhaft eingebundene, idyllisch harmonisch lebende Menschen, denen Faust als der Naturgewalt gefahrvoll und fremd ausgesetzter friedloser Mensch diametral gegenübersteht. Fortschrittswahn steht gegen klassisches Augenblicks-Empfinden. Der Deich schützt vor dem wilden Meer, aber die Hütte nicht vor Faust, der sich in seiner Hybris über Natur und Menschen hinwegsetzt. Beide Gruppen repräsentieren drastisch einen Epochenbruch! Dass Goethe als Verehrer des Maßgedankens der Klassik diesen revolutionären, diesen veloziferischen Wandel kritisch sieht und mit seinem Faust vor dem vermeintlichen Fortschritt warnen will, deutet sein Brief an Zelter vom 6.6.1825 an: *Reichtum und Schnelligkeit ist, was die Welt bewundert und wonach jeder strebt; Eisenbahnen, Schnellposten, Dampfschiffe, und alle möglichen Fazilitäten der Kommunikation* .... Dass er und sein Zelter zusammen mit einigen Wenigen die Vertreter einer untergehenden Epoche sind, davon ist er in seinem Brief tief überzeugt.

Noch entlarvt sich der Fortschritt im Faust als ein Fortschritt zum Untergang. Noch kennt seine Utopie kein soziales und humanitäres Ziel, keine altruistische Motivation. Denkt man an die Fluchtbewegungen im 19. Jahrhundert besonders in die Südsee, die die Kolonialbelletristik, allen voran Christian Kracht in seinem „Imperium“ am Beispiel des Lebensreformers August Engelhardt (1875–1919) und seinem Sonnenorden, treffend beschreibt, dann handelt es sich eher um eine „Fluchtutopie“, für eine „Sozialutopie“ reicht der gemeinnützige Impetus nicht. Es geht Faust nur um Faust. Er denkt seine Gesellschaft als manipulierbare Masse, die sich gierig von Bezahlung, Befehl und Zwang lenken lässt. Mit Erziehung erzieht man sich nur Rebellen, das ist seine Überzeugung. Menschliche Instinkte und Affekte steigen und fallen nach seiner Auffassung nach biologischen Gesetzen wie Ebbe und Flut. Diese Triebe will er wie das Meer unter seine Kontrolle bringen und eindeichen. Seine ‚Neue Welt‘ kennt weder soziale Bindung noch gesellschaftliche Verpflichtung. Das wird sich aber an Fausts Lebensende drastisch ändern.

Goethes Vorbild ist sicher Henri Saint Simon (1760–1825), ein damals bekannter soziologischer und philosophischer Autor, der in Mexiko kühne Kanalbauten von der Pazifik- zur Atlantikküste und in Spanien von Madrid bis zum Meer plant, ganz nach dem Motto: *Du beherrscht die Stürme, regierst die Winde ..., du bist es, der den Damm aufrichtet .... Du bist es, der zum aufgewühlten Meer sagt: Du kommst bis hierher, Du gehst nicht weiter*[4]. Ideen, die Goethe kennt und mit Eckermann voller Interesse bespricht. Hintergrund ist sicher auch die Revolution des damaligen Weltbildes bei Kopernikus, Behaim, Galilei oder Kepler und natürlich bei den Reiseforschern aus Goethes Zeit, die er größtenteils kennt oder mit denen er korrespondiert. Allen voran Alexander von Humboldt, Georg Forster und Spix und Martius, aber auch Prinz Wied zu Neuwied, Wilhelm von Eschwege oder die österreichische Brasilienexpedition unter der Wiener Prinzessin Leopoldine. Wie fasziniert er von diesen Forschungsreisenden ist, zeigen sein Interesse an Brasilien, ein Kontinent, mit dem er sich nach Aussage seines Tagebuchs rund zweihundert Mal beschäftigt oder seine Eloge auf die Reiseforscher, die er begeistert in seinem Wilhelm Meister anstimmt[5]. Die von der orthodoxen Theologie über Jahrhunderte verpönte „curiositas“ ist eben seit der Aufklärung Tugend, nicht mehr Sünde und Voraussetzung für Erkenntnis. Dieser Epochenwechsel mit seiner Fortschrittsdynamik und seinem Maschinenwesen steht ganz sicher hinter den Umwälzungen in Goethes „Faust“. Wie auch die Französische Revolution mit der Hinrichtung König Ludwig XVI (1754–1793) und der Diktatur der Ausschüsse. Terror und das Schlachtopfer des Königs sind ganz einfach für die Revolution notwendig, nicht nur für Robespierre und sein Credo: wenn der König nicht schuldig sei, dann seien alle schuldig, die ihn vom Thron gestoßen hätten. Auch die berühmt-berüchtigte Halsbandaffäre, „l’affaire du collier", um die Königin Marie Antoinette ruft bei Goethe eine starke fin de siècle Stimmung hervor: *... und wie die Halsbandgeschichte als düstere Vorbedeutung, so ergriff mich nunmehr die Revolution selbst als die grässlichste Erfüllung; den Thron sah ich gestürzt und zersplittert ... und ... offenbar auch die Welt schon aus den Fugen*[6]. Eine Stimmung, die man bei dem Wendepunkt von der alten zur neuen Welt im Faust mitdenken kann, immerhin verarbeitet sie Goethe auch in seinem „Groß Kophta."

Geboten schnell, zu schnell getan! – / Was schwebet schattenhaft heran? (11382), kommentiert der inzwischen hundertjährige Faust mitten in seinem Kolonisations-Kampf seinen Befehl, Philemon und Baucis beiseitezuschaffen. Und er fragt sich, was da schemenhaft näherkommt: aus den Rauchschwaden der Hütte der beiden Alten, aus diesem Scheiterhaufen, bilden sich die vier grauen Weiber Mangel, Schuld, Sorge und Not, Schwestern des Bruders Tod: *Da kommt er der Bruder, da kommt er der – – – Tod* (11397). Die vier sind wohl Projektionen aus seinem Inneren, Allegorien seiner Zustände. Die Magie seines Reichtums kann alle außer der Sorge bannen: die ist zu stark in ihm verankert, sein Leiden, nie genug zu haben, ist mit ihr identisch. Seine Teufels-Wette war und ist eine Wette auf fortdauernde Sorge, die auch den Reichen nicht verschont. Die Sorge erkennt und beschreibt Fausts Zustand klar und deutlich: *Der Entschluss ist ihm genommen;/ ... / Er verliert sich immer tiefer,/ Ziehet alle Dinge schiefer,/ Sich und andre lästig drückend,/ Atemholend und erstickend;/ ... halber Schlaf und schlecht Erquicken/ Heftet ihn an seine Stelle/ Und bereitet ihn zur Hölle* (11472). Faust, ein unsicherer Mann ohne Entschlusskraft, ohne Augenmaß, der sich und andere quält, der nicht leben und nicht sterben kann, das ist wahrlich die Hölle. Auch wenn er die Macht der Sorge nicht anerkennen will, holt sie ihn ein: *Erfahre sie, wie ich geschwind/ Mich mit Verwünschung von dir wende!/* schleudert ihm die Sorge entgegen: *Die Menschen sind im ganzen Leben blind,/ Nun Fauste, werde du's am Ende* (11495)*!*

Holen ihn seine Untaten endgültig ein und erledigen ihn? Nein, der Blinde wird sehend, ihm geht ein Licht auf, er kann seine Flucht- in eine Sozialutopie mit Hinwendung zum „Du" ändern: *Die Nacht scheint tiefer tief hereinzudringen,/ Allein im Innern leuchtet helles Licht;* fasst Faust seine Blendung, die gleichzeitig einen Erkenntnisprozess, einen Durchbruch in seiner Denkweise auslöst, zusammen: *Was ich gedacht, ich eil' es zu vollbringen;/ des Herren Wort, es gibt allein Gewicht./ Vom Lager auf, ihr Knechte! Mann für*

Mann!/ ... / Dass sich das größte Werk vollende/ Genügt ein Geist für tausend Hände (11499). Noch sieht er sich als Herrn, der mit seinen fleißigen Knechten seine neue Welt durch despotischen Zwang verwirklichen kann, noch strafen seine Mittel den Zweck Lügen. Dann präzisiert er aber sein Gesellschaftsmodell: *Eröffne‘ ich Räume vielen Millionen,/ Nicht sicher zwar, doch tätig-frei zu wohnen./ ... / Solch ein Gewimmel möchte‘ ich sehn,/ Auf freiem Grund mit freiem Volke stehn./ Zum Augenblicke dürft‘ ich sagen:/ Verweile doch, du bist so schön!/ ... / Im Vorgefühl von solchem hohen Glück/ Genieß ich jetzt den höchsten Augenblick* (11563). Gemeinsame Arbeit für die Gemeinschaft, bereitwillige Vereinigung der eigenen Interessen mit jenen eines größeren Ganzen, das Gefühl, anderen zu nutzen, Arbeit, die sinn- und identitätsstiftend ist, die sich an die Mitmenschen wendet, das ist das Ziel für den freien Bürger im Rahmen einer Republik oder doch zumindest konstitutionellen Monarchie. Das ist das *behagliche* (11566), zum Verweilen einladende Paradies, das die Abwendung vom Selbst und das Zusammenleben mit Anderen in Übereinstimmung mit universellen Werten, die Verbindung von Differenzierung des Ich und Integration mit den Anderen, ermöglicht, das Sinn und innere Harmonie in Fausts Leben bringt. Schiller hat Goethe bereits um 1797 nahegelegt, Faust nicht nur als Gelehrten und Mädchenverführer, sondern als Handelnden im *Dienst einer Vernunftidee* auftreten zu lassen[7]. Faust sieht die Welt nicht mehr aus dem kleinen Fenster des eigenen Ich und genießt seine Neuorientierung. Jetzt kann er die Wettformel sprechen: *verweile doch, du bist so schön* (11583). Anzunehmen, dass seine Siedler das Projekt genau so positiv sehen ganz im Sinne von Don Hélder Câmara, dem brasilianischen Erzbischof und profilierten Befreiungstheologen: Wenn ein Mensch allein träume, meint er, dann sei es nur ein Traum, wenn Menschen gemeinsam träumten, sei es der Beginn einer neuen Wirklichkeit.

Fausts Fluchtutopie hat sich in eine seriöse Sozial- beziehungsweise Fortschrittsutopie verwandelt. Sein unmäßiger Wille zur Macht, zum Besitz schlägt um oder wird doch durch den Willen zum Sinn, zum „Du“, zum Allgemeinwohl zumindest entschieden ergänzt. *Wer immer strebend sich bemüht* (11936), diese Formel lautet jetzt: ‚wer sich immer strebend mit liebender, sozialer und altruistischer Ausrichtung bemüht, der kann sich mit sich selbst versöhnen‘, der fühlt sich auf lange Zeit in seinem Werk geborgen[8]. Damit wird der Stillstand wie im Helena-Akt zum zweiten Mal akzeptiert, das Hier-Sein, jetzt aber im Rahmen sozialer Arbeit für die Gemeinschaft. Fausts Prozessprinzip, die Negation des gegenwärtigen Hierseins gilt nicht mehr.

Seine „Brave New World" kommt jetzt aber im Gegensatz zu dem totalitären Überwachungsstaat in George Orwells „1984" ohne despotisches Joch und die Schreckensherrschaft der drei Gewaltigen Raufebold, Habebald und Haltefest aus. Menschenrechte und demokratische Regeln sowie anhaltendes Wachstum und wissenschaftlich-technischer Fortschritt rücken jetzt in den Vordergrund. Ziele auch unserer aktuellen Auswärtigen Kulturpolitik, die leider heute immer noch nicht vollständig eingelöst sind[9]. Ein Programm, das die Aktualität des „Faust" stark unterstreicht und das sich bereits in der Sozialutopie „Notes from Virginia" (1785) des dritten amerikanischen Präsidenten Thomas Jefferson, die Goethe kennt, spiegelt.

Damit ist die dritte Läuterung Fausts mit seiner Hinwendung zur Gemeinschaft abgeschlossen. Seine erste Neuorientierung findet mit dem Erkennen der Persönlichkeit Helenas und des Prinzips des klassischen Maßhaltens statt und seine Zweite mit seiner Erkenntnis der altruistischen Liebe Gretchens und wohl auch seiner Mitschuld an dem Kindesmord, dem Tod der Mutter Gretchens und ihres Bruders[10].

Dass die Menschen während des Schaffensprozesses des „Faust" ihre ehemals verbürgte Identität durch Auflösung des überlieferten ständischen Sozialsystems verlieren und selbst wieder aufbauen müssen, erhöht die Bedeutung der Hinwendung zum „Du" und zu identitätsstiftender Arbeit im Faust. Diese Sinnerfüllung gelingt ihm allerdings erst ganz zum Schluss und praktisch im Tod mit rund hundert Jahren nach häufigem Scheitern. Sie reicht über das Grab hinaus. Eine abrundende Selbstverwirklichung, die unerfüllte Wünsche, enttäuschte Erwartungen, Frustration, Schuldgefühle ausblendet und mit dem „Flow" des amerikanischen Glücksforschers Mihály Csikzentmihályi erklärt werden kann:[11] Der „Flow", ein Glücks- oder Schöpfungsgenuss, stellt sich beim Menschen bei Bearbeitung einer wertvollen umrissenen Aufgabe im oberen Bereich seines Leistungsvermögens ein, macht ihn glücklich, innerlich stark und gelassen, auch schon in der Bearbeitungsphase. Wie ein Fluss im Ozean verschmilzt sein individuelles Selbst harmonisch mit der Gemeinschaft, mit der gestellten Aufgabe. Ihm fließt mehr Energie als sonst zu und er wird wie durch einen Zauber weitergetragen, gerät in einen angenehmen Schwebezustand und wächst über sich hinaus. Alles andere wird unwichtig[12]. Ein Zustand höchsten Glücks wird erreicht, das bei Überforderung auch in Spannungen und Ängste umschlagen kann. Genau das ist aber bei Faust nicht der Fall, der kann jederzeit auf die Hilfe Mephistos rechnen, ganz im Gegenteil zu den beiden anderen ‚Fausts', zu dem Komponisten Adrian Leverkühn in Thomas Manns Roman „Doktor Faustus", der ständig an seine Leistungsgrenze stößt, oder zu Hendrik Höfgen in Klaus Manns „Mephisto", der seine zweite Lebensrolle, den „Hamlet", einfach nicht in den Griff bekommt.

Mephisto versteht Fausts Wandel nicht. Für ihn spricht er mit der Paktformel *Verweile doch, du bist so schön* (11582/1700) die durch die Wette verbotenen Worte aus und setzt den Mechanismus seines Todes in Gang. Dass Faust dabei den höchsten Augenblick erlebt, sich buchstäblich beglückt zu Tode freut, bemerkt Mephisto nicht. Im Gegenteil, der sieht schon die brechenden Dämme voraus: ... *du bereitest schon Neptunen,/ Dem Wasserteufel, großen Schmaus./ In jeder Art seid ihr verloren; – / Die Elemente sind mit uns verschworen,/ Und auf Vernichtung läuft's hinaus* (11546). Ganz nach seinem alten Motto ... *denn alles was entsteht/ Ist wert, dass es zugrunde geht;/ Drum besser wär's dass nichts entstünde* (1339). Dass dem Boden, der dem Meer abgetrotzt ist, nicht zu trauen ist, beweisen bereits die große Sturmflut von 1824, die das zu tief angelegte Petersburg unter Wasser setzt, oder die norddeutsche von 1825, die rund tausend Menschen und 50.000 Stück Vieh tötet.

Hat Faust damit seine Wette verloren? Für Goethe nur halb, halb habe er sie aber gewonnen[13]. Wie das? Was meint Goethe damit? Glaubt er an eine „Last minute rescue", an die Erlösung seines Faust, denn die würde ja nur sein Urteil, er habe die Wette rein faktisch verloren, aber letzten Endes doch gewonnen, rechtfertigen? Bleibt Faust der Bedeutung seines Namens ‚Faustus' „Vom Segen begünstigt" treu?

Goethes Charakterisierung der Faust-Handlung als *vom Himmel durch die Welt zur* Hölle[14] kann eigentlich nicht ernst gemeint sein, dann gäbe es die Frage nicht mehr, ob und warum er eventuell gen Himmel fährt. Kann überhaupt jemand mit dem Schuld-Konto eines Faust erlöst werden? Ist sein Sündenregister nicht viel zu lang? Sichert es ihm nicht einen guten Platz in Dantes Hölle? Seine New Economy stürzt die Welt schließlich ins Chaos, trotz seiner Kriegsgewinne finanziert er seine Landgewinnung und Kolonisierung durch Piraterie und nimmt den Mord an Philemon, Baucis und dem Wanderer rücksichtslos in Kauf. Damit nicht genug: schon im

„Faust I" lädt er Gretchen, ihr gemeinsames Kind, Gretchens Mutter und ihren Bruder Valentin auf sein Gewissen.

Doch er kann gerettet werden, jedenfalls bei Goethe: statt Höllenfahrt oder langer Läuterung im Fegefeuer wird er rein faktisch tatsächlich erlöst. Mephistos Unaufmerksamkeit beim Erscheinen der ihn erotisch stark stimulierenden Engel macht's möglich: *Welch ein verfluchtes Abenteuer!/ Ist dies das Liebeselement?/ Der ganze Körper steht in Feuer ... / Sie wenden sich – von hinten anzusehen!/ Die Racker sind doch gar zu appetitlich* (11783). Das sind sie tatsächlich, zumindest für den dem Grob-Sinnlichen verhafteten Päderasten Mephisto: die mit ihren Popos kokettierenden Jünglingsengel regen ihn so an, dass er Faust kurz aus den Augen lässt. Lange genug für die Engel, um ihm Faust zu entreißen, eine Trennung nach lebenslanger Verbundenheit: *Gerettet ist das edle Glied*, jubilieren die Faust tragenden Engel: *Wer immer strebend sich bemüht,/ Den können wir erlösen./ Und hat an ihm die Liebe gar/ Von oben teilgenommen,/ Begegnet ihm die selige Schar/ Mit herzlichem Willkommen* (11934).

Immerhin: Mephisto gesteht sich seinen Fehler selbst ein: *Mir ist ein großer, einziger Schatz entwendet ... Du bist getäuscht in deinen alten Tagen,/ Du hast's verdient, es geht dir grimmig schlecht* (11829). Der Apellationspartner ist ihm abhandengekommen: durch die Herrschaftsübertragung von Gott auf die Himmelskönigin. Eine Gerichtsverhandlung über den rechtmäßigen Besitz der Seele Fausts bleibt damit ausgeschlossen.

Glaubt Goethe selbst an diese faktische Erlösung? Bei Fausts Negierung jedes metaphysischen Bewusstseins? *Das Drüben kann mich wenig kümmern* (1660), das ist ihm schon bei seiner Aushandlung der Wette klar, der Ansicht bleibt er auch bis an sein Ende treu: *Nach drüben ist die Aussicht uns verrannt* (11441).

Ja, Goethe glaubt daran, weil der Schlüssel zu Fausts Rettung zunächst einmal in dessen Sozialutopie, in seiner Selbsterlösung, zu suchen ist. Zu diesem Streben von unten komme dann die Liebe von oben hinzu, erklärt Goethe seinem Eckermann am 6. Juni 1781[15]. Mit seiner sinnerfüllten identitätsstiftenden Arbeit für die Gemeinschaft erlöst sich Faust selbst, erreicht er sozusagen von unten das Flow-Gefühl, das Glück im Hier und Jetzt. Übrigens wie im Wilhelm Meister mit der Bewunderung der Kultur des (Kunst-)Handwerksethos vorgedacht. Goethe verehrt das Handwerk als unentfremdete und selbstbewusste Tätigkeit, die ein Bei-Sich-Selbst-Sein ermöglicht und die freie Persönlichkeit aufbaut. Eine Selbstverwirklichung ganz im Sinne von André Gides „individualisme serviable“[16] und von Goethes Tat-Ethos: *Ich muss gestehen*, vertraut er Müller an[17], *ich wüsste auch nichts mit der ewigen Seligkeit anzufangen, wenn sie mir nicht neue Aufgaben und Schwierigkeiten zu besiegen böte.* Eine Selbsterfüllung, die aber durch die drohende, sich immer schneller ausdehnende Industrierevolution gefährdet ist, wenn zu diesem Streben von unten, zu diesem Evangelium einer profanen Erlösung, nicht die Huld von oben hinzukommt.

Und die tritt hinzu, enden doch beide Teile des „Faust“ mit einer Intervention vom Himmel. Goethe ist eben Anhänger der Allversöhnung, der „Liebe von oben“, des Verzeihens: *Und wenn die halbe Schuld auf Faust ruhen bleibt*, meint er 1820 zu Schubert, *so tritt das Begnadigungsrecht des alten Herrn sogleich herein, zum heitersten Schluss des Ganzen*[18]. Auch die Engel singen bei Fausts Rettung von Erlösung und Seligkeit im *Allverein* (11801). Goethe ist damit wohl Anhänger der Apokatástasis des Kirchenvaters Origines, nach der keine Seele in ewiger Verdammnis verloren gehen kann. Er ist ein geborener Vermittler, wie besonders deutlich aus dem Brief an seinen Berliner Freund Zelter vom 31.10.1831 hervorgeht: *Ich bin nicht zum tragischen Dichter geboren, da meine Natur konziliant ist, ... und in dieser übrigens so äußerst platten Welt kommt mir das Unversöhnliche ganz absurd vor.* Eine schroffere Absage an den archaischen Teufelsglauben und die Buß-, Sünden- und Straftheologie der kirchlichen Orthodoxie kann man eigentlich nicht machen.

Dass die Harmonie der Natur und des Weltalls nach Goethes Auffassung durch Erlösung wiederhergestellt wird, macht die Schuldfrage Fausts, ebenfalls seine mögliche Buße irrelevant, ein weiterer Schlüssel zu Fausts Rettung. Vielleicht spielt auch dessen Verbindung zu der Zeustochter Helena eine Rolle, erwirbt er sich doch dadurch den Himmel und Unsterblichkeit so wie schon ihr Mann Menelaos, der nach seinem Tod nicht in den Hades absteigt, sondern ins Elysium, den Himmel der Griechen, aufsteigt[19].

Die zum Abschluss in den „Bergschluchten“ beschriebenen hierarchisch nach oben führenden Himmelsstufen, die Faust durchläuft, passen nahtlos zu dem Streben von unten und der Liebe von oben, sind sozusagen wie ein vertikales Netz zwischen beiden Polen verspannt und bilden Fausts Läuterungsprozess ab. Dass Goethe als dezidierter Nicht-Christ[20] dabei

Abbildung 3: Die Engel entführen Fausts Seele himmelwärts, Mephistos Ablenkung durch die erotische Ausstrahlung der Engel macht's möglich. Quelle: www.goethezeitportal.

auf die christliche Nomenklatur zurückgreift, liegt nur an seinem Wunsch, verstanden zu werden und leicht fasslich zu schreiben: *Übrigens werden Sie zugeben*, erklärt er am 6. Juni 1831 Eckermann, *dass der Schluss, wo es mit der geretteten Seel nach oben geht, sehr schwer zu machen war, und dass ich … mich sehr leicht im Vagen hätte verlieren können, wenn ich nicht meinen poetischen Intentionen durch die scharf umrissenen christlich-kirchlichen Figuren und Vorstellungen eine wohltätig beschränkende Form und Festigkeit gegeben hätte.*

In der Bergschlucht herrscht noch Nacht, auf dem Berggipfel zeigt sich schon Morgenröte und in der Himmelssphäre beginnt bereits der Sonnenaufgang. Über diese hierarchischen Ebenen verteilen sich von unten nach oben die Anachoreten, die Einsiedler, der gewandelte Faust als Doctor Marianus, dessen Ichbezogenheit gebrochen ist, die Engel und Frauen um die mater gloriosa, die Himmelskönigin, die wie bei Dürers Mondsichelmadonna[21] mit einem glänzenden *Sternenkranze* (11994) um ihr Haupt erscheint und den alten Gott ersetzt: den alttestamentlichen Herrn gibt es hier ebenso wenig wie den neutestamentlichen Vater und erlösenden Sohn. Ein neuer Himmel ohne Spuren von Sünden- und Strafvorstellung.

Unbezwinglich unser Mut,/ Wenn du hehr gebietest;/ Plötzlich mildert sich die Glut,/ Wie du uns befriedest./ Jungfrau rein im schönsten Sinn,/ Mutter Ehren würdig,/ Uns erwählte Königin,/ Göttern ebenbürtig (1205). Glorifizierende Worte, mit denen der entzückte Doctor Marianus die Himmelskönigin hymnisch feiert, die ihn sich als Teil der Sphärenharmonie empfinden lässt. Er sieht sie als Mutter, die ihn beruhigt, befriedigt und selbstbewusst macht, vor sich, die ihm mit ihrer mütterlichen Selbsthingabe und Du-Bezogenheit den Weg zum Mitmenschen weist und damit seine Sozialutopie unterstützt. Auch als Mutter, die ihn mit ihrer Unwandelbarkeit und Beharrungskraft die Schönheit des Augenblicks tiefer sehen lehrt. Interessant, das nach Goethes Auffassung uns auch die Poesie zeitweise von den irdischen Problemen entlastet: *Wie ein Luftballon hebt sie uns mit dem Ballast, der uns anhängt, in höhere Regionen*[22].

Der Chorus mystikus schließt den „Faust" mit den berühmten verschlüsselten Versen: *Das Unzulängliche,/ Hier wird's Ereignis;/ Das Unbeschreibliche,/ Hier ist's getan;/, Das Ewig-Weibliche zieht uns hinan* (12106). Was mag damit gemeint sein? Vielleicht mit dem Unzulänglichen, dass Fausts Sozialutopie ja noch ausgeführt werden muss und dass das auch geschehen wird, und mit dem Unbeschreiblichen, dass eine Möglichkeit für die Selbstfindung und Erlösung der Menschen mit der identitätsstiftenden Arbeit für die Gemeinschaft gefunden und sogar beschrieben ist. Und das Ewig-Weibliche im Bild der Dürerschen Mondsichelmadonna vor *blauem Himmelszelt* (11999) schlägt uns schon durch den blauen Hintergrund in Bann: wir sähen uns *das Blaue gern an, nicht weil es auf uns dringt, sondern weil es uns nach sich zieht*[23], davon ist Goethe in seiner Farbenlehre überzeugt. Übrigens zusammen mit vielen Malern, für die Blau als Symbol für die

Sehnsucht gilt wie für Leonardo da Vinci bei seiner „Felsgrottenmadonna“, für Pablo Picasso bei seinen „Femmes aux bras croisés“ (1901/2), für Jean Miró in seinem blauen Bild „Malerei“ von 1927 über „Blue Monochrome“ von Yves Klein (1961) bis zu Franz Marcs „Die großen blauen Pferde“ (1911)[24]. Der französische Maler Pierre Bonnard bringt es auf den Punkt, wenn er 1936 schreibt: „Man kann in Schokolade oder im blauen Himmel schwimmen“[25].

Denken wir die Musik mit, denn Goethe wünscht sich am Lebensende sehr, Mozart hätte den Faust vertont[26]. Dabei schwebt ihm sicher bei der Szene um die Himmelskönigin eine Vertonung in Moll vor. Denn nach seiner mit Zelter geplanten Tonlehre, einem Gegenstück zur Farbenlehre, stehen die Blautöne in Moll und die Gelbtöne in Dur. Moll rege zu einer *unruhigen*, *weichen*, *sehnenden Empfindung* an, Dur dagegen stimme *regsam*, *lebhaft*, *strebend*[27]. Klar, dass für die Himmelsszene nur die ‚blauen‘ Moll-Töne, die uns anziehen und unsere Sehnsucht wecken, infrage kommen. Sie ziehen mühelos das Publikum in Bann, besonders wenn man Goethes Überzeugung von der *ungeheuren Gewalt der Musik* auf ihn und uns, von ihrer kathartischen Wirkung, mitberücksichtigt. Ein Effekt, den er in seinem Brief an Zelter vom 24. August 1823 über das Konzert der Sängerin Anna Milder Hauptmann und der Pianistin Maria Szymanowska deutlich beschreibt. Wenn es dann auch noch stimmt, dass die Rhythmen von Trommeln und Bass manche Menschen an den mütterlichen Herzschlag während der Schwangerschaft erinnern, dann ist es reizvoll, diese Rhythmen bei der Himmelskönigin-Musik mitzudenken[28]. Dann ist es auch mehr als verständlich, dass die ganze Liebe von Doctor Marianus dieser anziehenden Himmelkönigin in Blau entgegenschlägt (12004). Wie tief ‚Liebe‘ im Deutschen sitzt und ins Herz geht, das hat bereits Luther bei seinem Bedeutungsvergleich des Wortes Liebe mit dem Lateinischen gezeigt. Er geht dabei von dem Engelsgruß Gabriels aus *Gegruesset seis tu*, *Maria vol gnaden*, übersetzt diesen Gruß mit *du holdselige Maria* und ergänzt ihn mit *du liebe Maria.* Und diese Liebe *klinge und dringe ins hertz*, *durch alle sinne*, viel mehr als im Lateinischen[29].

Bei diesem blauen Himmels-Hintergrund mit seinen mitgedachten Molltönen und bei Doctor Marianus starker Liebe zu der Himmelskönigin fällt es uns besonders leicht, *das Ewig-Weibliche*, das uns hinan zieht (12110), als das ewig Mütterliche mit seiner Selbsthingabe für das „Du“ zu begreifen.

In diesem „Mutter-Du“ kann Faust nahtlos aufgehen und seinen Herzschlag mit dem mütterlichen koordinieren. Sein sozial ausgelöster Flow wird dadurch ergänzt und verstärkt. Eine Deutung, die durch Max Beckmanns Zeichnungen zum „Faust“ gestützt wird: sie zeigen häufig als Selbstbildnisse einen zerrissenen Faust, mit Ausnahme der Bergschluchten- und Arkadienszene.

Ich bin nur durch die Welt gerannt;/ ... Ich habe nur begehrt ... und so mit Macht/ Mein Leben durchgestürmt, erst groß und mächtig/ Nun aber geht es weise, geht bedächtig (11433). Ein Statement Fausts, dass seinen dreistufigen Läuterungsprozess vom faustisch orientierten Stürmer zum apollinischen Menschen im Helena-Akt, der Harmonie und Maß, nicht Unerreichbares anzielt, über seine Öffnung zum ‚Du‘ Gretchens zu Beginn des vierten Aktes bis zur Krönung seines diesseitig tätigen Lebens mit Schaffung seiner Neuen Welt treffend zusammenfasst.

Eine Deutung, die von vielen Faust-Interpreten und -Lesern freilich nicht geteilt wird. Bei der Komplexität, die Goethe seinem „Faust“ gegenüber Eckermann bescheinigt, kein Wunder: *Es hätte auch in der Tat ein schönes Ding werden müssen, wenn ich ein so reiches, buntes, und so höchst mannigfaltes Leben, wie ich es im Faust zur Anschauung gebracht, auf die magere Schnur einer einzigen durchgehenden Idee hätte reihen sollen*[30]. Er geht sogar soweit, gegenüber Eckermann zu erklären, dass alle Versuche, seinen „Faust“ klar begreiflich zu machen, vergeblich sind[31].

Für viele wird der Faust, besonders in der ersten Zeit nach der Veröffentlichung des zweiten Teiles, zum Ärgernis. Zum Beispiel für Wolfgang Menzel, den Literaturkritiker und großen Goethe-Gegner des Vormärz (1798–1873), der 1858 wütend geifert[32]: „wenn Faust dafür, dass er Gretchen verführte und verließ, den Himmel verdient, so verdient jedes Schwein, das sich in einem Blumenbeet wälzt, Gärtner zu sein“. Folgerichtig finden auch nur wenige Feiern zu Goethes hundertstem Geburtstag 1849 statt.

Fausts Erlösung wird vor allem immer wieder aus dem christlichen Lager strikt abgelehnt: dieser Faust als Ungläubiger und Großverbrecher gehört für sie einfach in die unterste Hölle, die christliche Heilsvorstellung darf man nicht ungestraft außer Kraft setzen. Eine Einschätzung, die Goethe nur ironisch belächeln kann, denn er ist davon überzeugt, dass er mit der Hinrichtung Gretchens und dem Hungertod Ottilies in seinen „Wahlverwandtschaften“ doch wirklich genug für die christliche

Vorstellung getan hat. Auch für einige Literaturwissenschaftler[33] bleibt es dabei: der todgeweihte Faust verkünde lediglich das Ethos der zukünftigen Gemeinschaft, antizipiere seine Erneuerung der Welt, ohne sie erreicht zu haben. In diesem Vorgefühl freue er sich gewissermaßen zu Tode[34]. Er unterliege nur einer großen Selbsttäuschung, bleibe der ewig scheiternde Titan, der sich immer mehr in Schuld verstricke und keine Rettung erwarten könne[35]. „Faust" ist demnach kein Drama einer Entwicklung. Das bringt Michael Jaeger[36], für den das Kolonisationswerk ein „verkehrtes, grundfalsches Unterfangen" ist, noch einmal gekonnt auf den Punkt: eine innere Wandlung liege nicht vor, Faust bleibe sich gleich, wandle auf der Grenze zwischen Verrücktheit und Verbrechertum, ende für ihn als Schwerverbrecher, der natürlich nicht erlöst werden könne[37]. Jaeger sieht die soziale Dimension, die Hinwendung zum Du einfach nicht, auch vom „Ewig Weiblichen" wisse und ahne Fausts nichts[38]. Rüdiger Safranski sieht die Erlösung ebenfalls nicht: das Ende sei „ziemlich erbärmlich". Da schwelge einer in seinen Projekten und merke nicht, wie auf sein Ende hingearbeitet wird"[39].

Ähnlich Oskar Negt, wenn er meint, er könne sich Faust auch als Lagerkommandanten in Buchenwald vorstellen, auf jeden Fall hätte Faust dann den Spruch „Jedem das Seine" des römischen spätklassischen Juristen Ulpian über dem Eingangstor Buchenwalds nicht deuten können. Er hätte einfach nicht gewusst, dass der erstrebenswerte Lebenszusammenhang eines Römers neben dem „Suum cuique" zwei weitere Gebote Ulpians erfordert: „neminem laede", verletze niemand und „honeste vive" lebe ehrenwert[40]. Negt spricht Weimar auch ab, für das andere gute Deutschland zu stehen. Dazu hätten die Weimarer zu viel über die Verbrechen in Buchenwald gewusst, jedenfalls hätten sie mehr über diese Schandtaten geahnt als Philemon und Baucis über die von Faust[41]. Dass sie nicht gegen das Lager protestiert hätten, sondern nur gegen die Postanschrift, in der Weimar nicht vorkommen sollte, runde das Bild ab. Ganz abgesehen davon, dass Schillers Schreibtisch im Lager nachgebaut worden sei und im Schiller-Haus das Original ersetzt habe, um der Weimarer Bevölkerung vorzugaukeln, die drohenden Bombardierungen der Alliierten träten doch nicht ein, die Lage sei gar nicht so gefährlich. Eine Prozedur, die auch für Goethes Möbel vorgesehen war, aber dann doch nicht realisiert wurde[42]. Buchenwald wird damit zum Weimarer Gewächs.

Nur zu verständlich, dass General George S. Patton am 16. April 1945 tausend Weimarer nach Buchenwald führen lässt. Die Meinung, dass die Stadt Weimar das Kontinuum und das Lager Buchenwald nur eine Episode sei, sollte aufgebrochen werden. Dass das Landart-Projekt der Landschaftsarchitektin Ute Wrede, das 1999 die von Häftlingen gebaute Bahnstrecke Weimar – Buchenwald durch Bepflanzung mit Klatschmohn wieder sichtbar machte, teilweise wieder zerstört wurde, vervollständigt das Bild[43].

Typisch für so manche Besucher der fesselnden Stemannschen Hamburger Aufführung beider Faust-Teile aus dem Jahr 2011, eines achtstündigen fulminanten Marathons und Feuerwerks, ist vielleicht die Reaktion der Studentin Franziska von Blomberg auf das als Erlösungsparty inszenierte Ende von Faust: die Errettung der Seele am Schluss sei doch nur eine pure große Show, die unwirklich scheine[44].

Dass Goethe seinen Faust nach den Erschütterungen der Gretchen-Tragödie einfach mit einer „dürftigen Werktätigkeit“ enden lasse, das könne er einfach nicht verstehen, meint Wagner am 11. April 1882 zu Cosima[45]. Wagner gehört damit zu einer zweiten Gruppe, die sich in Sachen Erlösung nicht klar festlegt.

Begeisterung und großes Aufsehen löst der Faust erst 1874 bis 1876 durch die Berliner Vorlesungen des Goethe-Biografen Herman Friedrich Grimm und durch Otto Eduard Devrients Aufführungen beider Teile aus, zunächst 1876 in Weimar und dann viele Jahre im Jahresrhythmus, zum Beispiel in Berlin, Köln und Düsseldorf. Für Grimm ist dabei die Eliminierung von Philemon und Baucis ganz in Ordnung, wo gehobelt wird, da fallen eben Späne. Dass Faust später mit seiner Kriegsbejahung, seiner Tatverherrlichung und seiner rücksichtlosen Kolonisierung vom Kaiserreich mit seinem imperialistischen Krieg, von der Blut- und Boden-Ideologie der Nationalsozialisten und von der sozialistischen Bodenreform der DDR ideologisch verwertet und vereinnahmt wird, verwundert nicht. Auch nicht Walter Ulbrichts Kommentare zu dem Schluss des „Faust“: „Goethe ließ den alten Faust erkennen, dass allein die schöpferische, gemeinschaftliche Arbeit des befreiten Volkes höchstes Glück bringt“. Und weiter: „wenn ihr wissen wollt, wie der Weg vorwärtsgeht, lest Goethes ‚Faust‘ und Marx’ ‚Kommunistisches Manifest‘ “[46].

Natürlich gibt es auch viele seriöse Stimmen, die unserer These der Umwandlung von Fausts Flucht- in eine Sozialutopie zustimmen: Allen voran Gretchen selbst, die sich in der *höheren Atmosphäre* der Himmelsleiter an die Mater Gloriosa anschmiegt und ihr für Fausts Wandel dankt: *Neige, neige,/ Du Ohnegleiche,/ Du Strahlenreiche,/ Dein Antlitz gnädig meinem Glück!/ Der früh Geliebte,/ Nicht mehr Getrübte,/ Er kommt zurück* (12069). Auch für Adorno wird Faust gerettet, weil er sich stark gewandelt hat und mit dem Paktunterzeichner von einst nichts mehr gemein hat[47]. Genauso wie für Thomas Mann, dessen Auffassung besonders in seinen Ansprachen zum Goethe-Jahr 1949 sehr deutlich wird: nur Menschen, die jede Änderung verweigerten, könnten darauf beharren, dass es Faust mit seinem *Sozialwerk der Menschenbeglückung*[48] nicht ernst gewesen sei. Das schließt sicher die (Selbst-)Erlösung mit ein, ist doch Thomas Mann Anhänger eines strebenden, eines tätigen Lebens, in das er besonders nach seiner geglückten Lungen-Operation im Mai 1946 mehr als glücklich zurückkehrt. Für den Schweizer Germanisten und Schriftsteller Adolf Muschg ist Fausts Ende zwar „von einer profunden Zweideutigkeit"[49] und bleibt Faust bis zum Schluss ein verblendeter Technokrat,[50] aber trotzdem bescheinigt er ihm aufgrund seines rastlosen Strebens in dem abschließenden „Erlösungsfestspiel"[51] Gnade und damit die Erlösung.[52]

Eine Rettung, die über Fausts Vorübung im apollinischen Maßhalten im Helena-Akt, über seine Maßfindung im Sozialen nach der Blendung bis zu seinem Aufgehen im Ewig-Weiblichen und damit im Maßvollen und in der Erlösung reicht. Bleibt die spannende Frage, ob auch Adrian Leverkühn im „Doktor Faustus" und Hendrik Höfgen in Klaus Manns „Mephisto" erlöst werden können oder ob die Manns Goethe verneinen und zurücknehmen.

Wird Thomas Manns Adrian Leverkühn gerettet?

My glorious child must know that Adrian's sad story was definitely brought to a happy end today. Eine für Thomas Mann mehr als einschneidende Nachricht, die er nach Abschluss seines „Doktor Faustus" seiner Ältesten, Erika, stolz und erleichtert telegrafiert[1]. Ein Happy End? Daran kann Thomas Mann nicht wirklich denken, falls er seinem Adrian Leverkühn die Erlösung verweigert und ihn zum ‚Gegenfaust' macht. Oder beschreibt er nur seine Erleichterung über den Abschluss seines Werks, das ihn immerhin von Mai 1943 bis Januar 1947 in Atem gehalten hat? *Nie hat mich, dabei bleibt es, eine Arbeit so erregt und bewegt*, kommentiert er in seiner „Entstehung des Doktor Faustus"[2], ein schwieriger Schreibprozess, der für ihn *das Signum, die Wundmale des „utmost"* trägt[3]. Ob seine Kräfte wirklich für dieses große Werk reichen, ob ihm das Buch nicht zerfließt und er es verfehlt, das sind die bangen Fragen, die die Entstehung des „Doktor Faustus" begleiten.

Ist Leverkühn also Nachfolger oder Gegenspieler von Goethes Faust? Wiederholt sich die Goethesche ‚Erlösungsparty' oder hat Thomas Mann die Neunte Symphonie nicht der Freude, sondern der Inhumanität geschrieben? Das ist die spannende zentrale Frage dieses Kapitels.

Einen ersten Aufschluss gibt der Klaviervortrag, zu dem Adrian Leverkühn im Mai 1930 an die dreißig Freunde nach Pfeiffering südwestlich des Starnberger Sees in den wunderschönen Nikesaal des Gutshofs Schweigestill einlädt. Das Refugium Leverkühns im malerischen Voralpenland, in das er sich seit 1913 in die Obhut der Bauernfamilie Schweigestill zurückzieht. Sein neuestes Werk „Dr. Fausti Weheklag" steht auf dem Programm. Doch statt mit seinem Klaviervortrag zu beginnen, fühlt sich der blass und kränklich wirkende Leverkühn zu dem dramatischen Geständnis seines Teufelspaktes gedrängt.

Wisst es also, … dass ich allbereit seit meinem einundzwanzigsten Jahr mit dem Satan verheiratet bin …, denn sonnenklar sei es, dass heute ohne Hilfe des Teufels *kein Werk mehr zu tun und die Kunst unmöglich geworden* sei. Wer aber mit dem Teufel paktiere, der lade *die Schuld der Zeit* auf sich und werde verdammt. Genau das wolle er heute vor allen bekennen: seine Sünden und seine Morde könnten ihm auf gar keinen Fall verziehen werden. *Da seht ihr, dass ich verdammt bin, und ist kein Erbarmen für mich…*[4]. Über seinen Flügel gebeugt breitet er dann die Arme wie der Gekreuzigte aus, scheint einen Stoß zu erhalten und stürzt ohnmächtig zu Boden. Ein Pakt zur Überwindung seiner Kompositionsprobleme, das ist einleuchtend, aber auch noch Mörder? Ja auch das noch, denn die Paktbedingung lautet ja, dass er nicht lieben darf. Und die hat er mit seiner großen väterlichen Liebe zu seinem kleinen Neffen Echo, einem unwiderstehlichen Engel, nicht eingehalten. Echo bezahlt diesen Paktbruch mit dem Leben, ein Schicksal, das später zur Sprache kommt. Darüber hinaus fühlt sich Adrian auch für die Ermordung des Geigers Rudi Schwerdtfeger mitverantwortlich. Den schickt er als Werber zu seiner Auserkorenen. Aber anstelle dessen verbindet sich Rudi mit ihr und wird dafür von seiner Ex-Geliebten Ines Institoris erschossen.

Nicht nur Adrian sieht für sich keine Erlösung und glaubt sich zur Hölle vorbestimmt, seine Schuld wiegt auch für Thomas Mann zu schwer: der ist viel zu vernarrt in seinen göttlichen Wundermann Echo und in dessen Modell, seinen Lieblingsenkel Frido, um Adrian verzeihen zu können: Echos Tod zu beschreiben sei ihm außerordentlich schwergefallen. Das könne man auch aus seiner Antwort auf die entsetzte Frage seiner Londoner Übersetzerin *How could you do it?* ablesen: es solle, es könne in dieser Welt einfach nicht sein, die Liebe, das Gute, eine Erfahrung Adrians, die er schmerzlich teilen müsse[5]. Nein, Thomas Mann erlöst ihn nicht, auch wenn er ihn mehr als jede andere seiner literarischen Gestalten liebt, im Gegenteil: schon in seinem Neunzeilenplan aus dem Jahr 1904 lässt er Adrian vom Teufel holen[6]. Dazu trägt sicher auch sein Respekt vor Adrians Überzeugung, verdammt zu sein[7], bei.

Kommt diese Einschätzung durch den Schluss von Adrians Kantate „Dr. Fausti Weheklag" ins Wanken? Für seinen Biografen Zeitblohm zunächst ja: die Instrumentengruppen treten allmählich nacheinander zurück und die „Weheklag" verhalle mit dem hohen g eines Cellos. Und dieser Ton, der *Ausklang der Trauer* sei, der stehe zum Schluss *als ein Licht in der Nacht*[8], also als Symbol der Hoffnung. Eine Auffassung Zeitbloms, die er mit den letzten Sätzen des Buches wieder zurücknimmt: *Wann wird aus letzter Hoffnungslosigkeit ein Wunder, das über den Glauben geht, das Licht der Hoffnung tragen?*[9] Nie möchte man, muss man leider antworten, denn Wunder gibt es nicht, schon gar nicht, wenn man nicht daran glaubt. Nein, die Erlösungsaussicht bleibt bei Zeitblom vager Optativ. Wie wäre sonst seine Abschlussbitte für Adrian, für Deutschland zu verstehen? *Gott sei eurer armen Seele gnädig, mein Freund, mein Vaterland*[10]. Dass Adorno Thomas Mann zur Zurücknahme eines geplanten versöhnlicheren Ausgangs drängt und er das akzeptiert, unterstreicht unsere These der Verdammung, auch Thomas Manns Begründung zu seiner Annahme von Adornos Vorschlag: *Ich war zu optimistisch, zu gutmütig und zu direkt gewesen, hatte zu viel Licht angezündet, den Trost zu dick aufgetragen*[11].

Damit bleibt es dabei: Von Michelangelos Bild der Verdammten, von Dante und Dürer, die Adrians Hauptwerke „Apocalipsis" und „Weheklag" nachhaltig beeinflussen, führt kein Weg zur Hoffnung, zur Erlösung, da

Abbildung 4: Dürers Offenbarungszyklus „Apocalipsis cum figuris" aus dem Jahre 1438 hat nachhaltig die beiden Hauptwerke Adrian Leverkühns beeinflusst: das gleichnamige Oratorium und die Kantate „Dr. Fausti Weheklag". Quelle: Albrecht-Dürer-Haus Nürnberg.

stimme ich mit Heinrich Detering vollständig überein[12]. Die mütterlichen Arme von Frau Schweigestill, die findet Adrian allerdings. Sie weist die verunsicherten und verständnislosen Städter streng aus dem Nikesaal. Ihr menschliches Verständnis, das habe er, ob aber die ewige Gnade lange, das wisse sie allerdings nicht[13].

Damit wird deutlich, dass Thomas Manns „Doktor Faustus" die Botschaft von Goethes „Faust" und von Beethovens Neunter aufhebt. Bleibt zu fragen, ob Klaus Mann auch seinem Roman „Mephisto" diese Wendung gibt.

Wird Klaus Manns Hendrik Höfgen gerettet?

Hendrik Höfgen, dieser Spezialist für (Film-)Rollen von Ganoven, Mördern und Intriganten in Klaus Manns Roman, ist der wirklich Gustaf Gründgens, handelt es sich tatsächlich um einen Schlüsselroman? Ja, kündigt die Pariser Tageszeitung am 19. Juni 1936 auf ihrer ersten Seite an und druckt den Roman in Folgen ab. Nein, versichert Klaus Mann wenig später: er will so wenig wie sein Amsterdamer Verleger in eine teure und unschöne Beleidigungsklage geraten. Nein, behauptet er auch weiter stur nach dem Zweiten Weltkrieg in seinem „Wendepunkt"[1] Und *man erkennt sie doch*, schreibt dagegen Stefan Zweig am 24. November 1936 an Klaus Mann, er habe nur liebenswürdig mit seinem Nein geschwindelt[2]. Auch für Gottfried Benn handelt es sich ganz klar um einen Gustaf Gründgens Roman. Und davon sind die meisten Leser damals wie heute überzeugt[3]. Bereits ein oberflächlicher Blick in das Tagebuch Klaus Manns zeigt, dass es sich um einen eindeutigen Schlüsselroman und um was für einen handelt: am 16.11.1935 notiert er animiert über einen Brief des Schriftstellers Hermann Kesten in seinem Tagebuch: *Tipp für einen neuen Roman: der Intendant, die Geschichte des Gründgens.* Und weiter: *es wird doch wohl der Gründgens-Stoff werden*[4]. *Gestern Abend, en famille, über den Namen beraten, den ich dem GG im Roman geben könnte*[5], *den Titel für den GG Roman gefunden: „Mephisto"*[6]. Und damit nicht genug: als Ende April 1936 Gerüchte über eine Verhaftung von Gründgens zu ihm vordringen, fragt er sich fassungslos in seinem Tagebuch: *Die Gerüchte über Gustafs Verhaftung – KZ wegen Hitler-Beleidigung. Ich kanns nicht glauben… Was würde dann aus Mephisto?*[7] Wenig später kann sein Verleger Fritz Landshoff Entwarnung geben: Das ganze Gerede stimme ganz einfach nicht und der Roman komme damit zur besten Zeit.

Der 1965 losgetretene größte deutsche Literaturprozess um die Veröffentlichung des „Mephisto" geht von der Schlüsselroman-These aus, dauert rund sechs Jahre und macht den Roman berühmt: die Klage von Gründgens Stiefsohn Peter Gorski, dem Regisseur des berühmten Faustfilms von 1960, gegen die Veröffentlichung im Nymphenburger Verlag wird zwar im August 1965 von dem Hamburger Landgericht abgewiesen, aber von dem Oberlandesgericht im März 1966 akzeptiert: „Mephisto" wird verboten, der Persönlichkeitsschutz von Gründgens wird höher bewertet als die Kunstfreiheit, freilich mit an die Nazis erinnernder Urteilsbegründung: man könne doch wirklich nicht „jedem in seinem Beruf tüchtigen Mann deswegen die Ehre abschneiden, weil er nicht 1933 und später emigriert ist, sondern auch unter dem neuen Regime weiter seinen Beruf ausübte". Die heutige Gesellschaft sei, so wird dreist weiter postuliert, ganz einfach an dem verzeichneten Bild eines Emigranten über das Theater nach 1933 überhaupt nicht interessiert[8]. Ein ‚Geschmäckle', das hat diese Begründung schon, jedenfalls klingt der Begriff „Emigrant" hier eher negativ und das „neue Regime" zur Bezeichnung des NS-Unrechtstaates als zu positiv. „Müssen die Bücher wieder emigrieren?", fragt sich Martin Gregor Dellin entgeistert in der FAZ vom 26./27. März 1966. Eine zu berechtigte Frage, wenn man daran denkt, dass das Verbot im März 1968 vom Bundesgerichtshof und im Februar 1971 vom Bundesverfassungsgericht bestätigt wird[9].

1981 wagt der Rowohlt-Verlag dann eine Neuauflage, die ein wahrer Siegeszug wird und Klaus Mann zum damaligen Kultautor macht: als kleiner Sohn und Neffe „neben den Gestirnen Vater und Onkel kreisend", werde er nun nicht mehr wahrgenommen, im Gegenteil, er leuchte jetzt „aus eigenen Kraftquellen". Diese bereits im Dezember 1936 abgegebene Einschätzung von Kurt Hiller hat sich voll bestätigt[10], ebenso wie die damaligen positiven Bewertungen von Katia Mann, die das Buch für ein geglücktes Produkt hält oder von Thomas Mann, der in seinem Tagebuch notiert: *Gestern Nacht lange in Klausens ‚Mephisto' gelesen; leicht und geschickt, moralische Wirkungen*[11]. Ein Run auf das Buch bricht aus, und Rowohlt verkauft allein im Jahr 1981 300.000 Exemplare, schließlich steht der „Mephisto" über Monate als Nummer Eins auf der Bestseller-Liste des Spiegels. 1981 dreht dann István Szabó seinen bekannten „Mephisto"-Film mit Klaus Maria Brandauer als Mephisto und Rolf Hoppe als Ministerpräsident, und im Spiegel erscheint im September 1981 die Titelgeschichte „Mephisto – die Gründgens Legende".

Gustaf Gründgens und Hendrik Höfgen spielen doch den Mephisto und nicht Faust! Wie können sie dann zum Gegenfaust werden? Ganz einfach, Mephisto ist ihre Lebensrolle, mit der ihnen 1932/33 der Durchbruch zum großen klassischen Theaterschauspieler in Berlin gelingt und mit der Gustaf Gründgens nach dem Zweiten Weltkrieg im April 1949 in Düsseldorf und später 1957/58 in Hamburg an diese Erfolge anknüpfen kann. Hamlet

Abbildung 5a: Cover der Neuauflage des „Mephisto“, die der Rowohlt-Verlag 1981 wagt und die zu dem Siegeszug dieses Romans führt.

bleibt dagegen ihre Traumrolle, die beide nach ihrer eigenen Meinung nie ganz füllen.

Höfgen und Gründgens spielen also den Mephisto ein Leben lang, sind aber faustische Menschen, Mephisto ist nur ihre Rolle. Anstelle klarer moralischer Prinzipien gebe es bei seinem Höfgen *nur Ehrgeiz*, *Eitelkeit*, *Ruhmsucht*, *Wirkungstrieb. Er ist kein Mensch*, *nur ein Komödiant*, so bringt es Klaus Mann auf den Punkt[12]. Und das gilt auch für das Original, auch Gründgens ist von blinder Gefallsucht, krankhaftem Ehrgeiz und

Abbildung 5b: Cover der „Karriere eines Romans", die die Edition Spangenberg im Ellermann Verlag 1982 veröffentlicht und die die Geschichte des Mephisto-Romans und des um ihn geführten Literaturprozesses aufarbeitet.

übermäßiger Karriereversessenheit durchdrungen. Die maßlose Ambition beider lässt sie – Faust ähnlich – durch ihr Theater-Leben stürmen, ohne Halt. Eine zwanghafte Obsession, für die Bühne stets das Äußerste zu wollen und zu leisten, bescheinigt seine Theaterkollegin Elisabeth Flickenschildt Gustaf Gründgens, und die setze den Verzicht aller anderen Optionen des Lebens voraus. Aber das sei eben Gründgens und ihre Art, Theater zu spielen[13]. Leben zu lernen, das hat Höfgen ganz verlernt, und versucht Gründgens erst ganz zum Schluss auf seiner Weltreise kurz vor seinem Tod und wohl auch vergeblich.

„Mephisto" ist also nicht nur ein Schlüsselroman über Gustaf Gründgens, dabei bleibt es, sondern auch ein Buch, das von Goethes „Faust" beeinflusst ist. Das zeigen wieder die Tagebücher Klaus Manns, die seine Lektüre der goetheschen Dichtung im Januar 1936 während der Arbeit am „Mephisto" bestätigen[14].

Ist schon der Siegeszug des Romans „Mephisto" nach seiner Veröffentlichung bei Rowohlt 1981 Grund genug, die Erlösungsfrage genauso wie für Goethes „Faust" und Thomas Manns „Doktor Faustus" auch für dieses Buch zu stellen, verführen dazu in besonderem Maße die faustischen Züge Höfgens und seines Modells. Ebenso Thomas Manns erwähnte *moralische Wirkungen*, die er dem Buch bestätigt[15].

Holla! Herr Intendant![16] Eine abrupte Begrüßung, die Höfgen aus seiner depressiven Stimmung reißt. Im Fenster seines pompösen Gutshofes „Hendrik-Hall" in der Nähe von Berlin erscheint ein junger Fassadenkletterer und überbringt Grüße von Otto Ulrichs, dem von den Nazis zu Tode gefolterten kommunistischen Schauspieler-Kollegen von Höfgen. Otto hat nie den Weg dorthin gefunden – ganz nach dem Motto der Großmutter von Höfgens Frau Barbara, der *Generalin*: Kreise aufzusuchen, in denen *ich Begegnungen mit Mördern*, Sittlichkeitsverbrechern *oder Irrsinnigen ausgesetzt bin*[17], daran liege ihr nun mal nichts. Die Ermordung Ottos, der während seiner KZ-Zeit die ganze Palette der pedantisch ausgeführten Nazi-Grausamkeiten, *die absolute und totale Gemeinheit*[18] erlebt hat, soll in das Bewusstsein Höfgens dringen, der soll dann seine NS-Freunde und natürlich den Ministerpräsidenten damit konfrontieren. Dass ihr Gedächtnis ausgezeichnet ist, und die Kommunisten keinen ihrer Gegner nach ihrer Machtübernahme bei der Abrechnung und beim Hängen vergessen werden, auf diesen Hinweis des jungen Fassadenkletterers reagiert Höfgen hysterisch und ausweichend: ihm werde auch unter einem kommunistischen System nichts passieren: *dann werde ich erst recht groß*[19]. Er beweist damit wieder einmal seinen fatalen Opportunismus, dass er alles und das Gegenteil ist, der aasige Filmschurke auf der einen und der brillante Chansonnier auf der anderen Seite, der schillernde Mephisto und der ekelhafte Spezialist für literarische Intrigen, der Rheinländer und der Preuße, der angepasste Opportunist und der Helfer seiner jüdischen Kollegen in Not. Besonders aber gehört er für Benjamin Pelz, hinter dem sich Gottfried Benn versteckt, zu denen, *die am zierlichsten über Kadaver hüpfen. Sie haben das Gesicht dazu*, versichert er Höfgen, *ich sehe es Ihnen an*. Ein eleganter Sprössling des Hades, der sei er, ganz klar[20].

Doch der ungebetene Gast am Fenster von Höfgens Arbeitszimmer wendet sich bald mit Hohngelächter von ihm ab und verschwindet in der Dunkelheit. Höfgen bleibt mit seinem Gram über seine verfehlte Hamlet-Interpretation zurück. Nein, den Hamlet, neben dem Mephisto seine zweite Traumrolle, hat er bei der erst Stunden zurückliegenden Berliner Premiere nicht erfasst, das gesteht er sich ein. Offenbar hat er nicht das rechte Verhältnis zwischen dem nordischen Tatmenschen und dem melancholischen Zauderer getroffen. Seine Depression weicht nicht, zu deutlich ist ihm auch, dass er bereits alle Freunde verloren hat. Seine Mutter Bella hört sein Stöhnen und hetzt voller Unruhe zu ihm in sein Arbeitszimmer. Im Schoß der Mutter bricht der Sohn weinend zusammen. Frau Bella begreift als Mutter schnell sein moralisches Versagen, seine große Schuld und seine geringe Bereitschaft zur Reue. Wenige Minuten später breitet Höfgen seine *Arme mit schöner, klagender, hilflos-hilfesuchender Geste* aus[21] und stammelt fassungslos: *Was wollen die Menschen von mir? Warum verfolgen sie mich?* Er sei doch nur ein ganz normaler Schauspieler[22].

Ein Gekreuzigter? Ja, aber im Sinne eines Verurteilten, der keine (Selbst-) Erlösung findet. Zu schwer wiegt sein Angepasstsein, und zumindest im Moment bringt ihm das Theater mit dem eingestandenen Misserfolg seines Hamlet keinen „Flow", sondern nur Kummer.

Eine dramatische Szene, in der man problemlos den Namen Höfgen gegen Gründgens austauschen kann – so ähnlich sind sich die beiden Darsteller. Der lebt natürlich länger als sein literarisches Vorbild. Deshalb kann der Ministerpräsident auch nur Gründgens am Ende des Zweiten Weltkriegs zwei Gift-Dragees zustecken, von denen Göring dann in der Nacht vor seiner Hinrichtung Mitte Oktober 1946 in Nürnberg Gebrauch macht. Gut möglich, dass auch Gründgens auf seiner Weltreise im Jahre 1963 nachts in Manila bewusst zu seinen Drogen greift und Selbstmord begeht. Zu belastend sind sein damaliger Gesundheitszustand, seine Zweifel an der Angemessenheit der großen und langen Reise, sein lebenslanger obsessiver Leistungszwang und wohl auch sein Opportunismus im Dritten Reich.

Dass auch Adrian Leverkühn bei seinem Geständnis des Teufelspakts wie ein Gekreuzigter wirkt, legt nahe, dass Thomas Mann hier von seinem Sohn inspiriert worden ist, dass er hier sozusagen in dessen Schatten steht, eine interessante, fast ironisch wirkende Verkehrung des Vater-Sohn-Verhältnisses[23]. Dabei ist besonders erwähnenswert, dass für Thomas Mann das Kreuz als Teil der westlichen Kultur wichtig ist. Jedenfalls nagelt er es über das Kopfende des Bettes seines Jüngsten, Michael, der sich als kleiner Junge davor schrecklich ängstigt, nur um ihn an dieses wichtige Symbol zu gewöhnen[24].

In István Szabós Film „Mephisto", der im Mai 1981 erstmals in Cannes gezeigt wird, steht Höfgen nachts mutterseelenallein mitten auf dem Spielfeld des Berliner Olympiastadions und der Ministerpräsident lässt ihn von mächtigen Verfolgungsscheinwerfern einkreisen: Dass er keine Chance hat, aus diesem Fadenkreuz der Nazis zu entkommen, das will ihm der Ministerpräsident auf drastische Art unmissverständlich sagen. Höfgen kapiert auch sofort und bricht zusammen. Eine Erlösung wird ihm also auch von István Szabo verweigert, aber nicht nur das, auch die tröstenden Arme seiner Mutter Bella in Klaus Manns „Mephisto", der Vorlage des Films, oder die verständnisvolle Umarmung Adrian Leverkühns durch Frau Schweigestill, fehlen.

Der Film von István Szabó ist brillant mit Klaus Maria Brandauer als Mephisto und Rolf Hoppe als Ministerpräsident besetzt. Er erhält 1982 in Hollywood den Oscar für den besten fremdsprachigen Film und beginnt seinen Siegeszug durch die internationalen Kinos. Ein zweiter Durchbruch für Klaus Mann, neben der Wiederauflage seines „Mephisto" 1980 bei Rowohlt.

Klaus Mann

Der Weg Hendrik Höfgens in den Teufelspakt und die Erlösungsproblematik

Wer ist dieser Hendrik Höfgen, der Protagonist in Klaus Manns „Mephisto", wie verläuft seine Entwicklung bis zu seiner verweigerten Erlösung am Ende des Romans, die an eine ‚Kreuzigung' erinnert? Klaus Mann veröffentlicht seinen Roman 1936 nach nur fünfmonatiger Schreibphase, vielleicht sein größter Wurf gegen die Nazis. Fotos in der „Berliner Illustrierten" zu dem pompösen Geburtstagsball Hermann Görings im Januar 1936, an dem auch Gustaf Gründgens, sein Generalintendant des Berliner Staatsschauspiels, teilnimmt, regen Klaus Mann dazu an, seinen Roman mit diesem „Vorspiel" zu beginnen, das Höfgen als Vorausdeutung auf dem Höhepunkt seiner Laufbahn zeigt[1]. „Karriere" sollte der Roman auch zunächst heißen, der als Schlüsselroman das Leben Gustaf Gründgens abbildet. Dass der dabei *nichts zu lachen haben* wird, das teilt Klaus Mann seiner Schwester Monika bereits am 4.2.1936 brieflich mit.

Die Laufbahn Höfgens beginnt weit vor der Berliner Mega Party an den Hamburger Kammerspielen, die sich als moralische Anstalt verstehen. Bei dieser Ausrichtung verständlich, dass für ihren Intendanten der junge Höfgen als *grundalberner Mensch* gilt, der *nicht mehr als ein routinierter Provinzschauspieler* ist[2]. Sein Kollege Hans Miklas, anfangs ein glühender NS-Anhänger, hält ihn für einen *ekelhaften Salonkommunisten*[3] und nimmt ihm seinen Plan, ein revolutionäres Theater zu gründen, nicht ab. Auch bei Gustaf Gründgens bleibt sein für 1926 in Hamburg geplantes Revolutionstheater, das das literarische nur zum Gähnen anregende Theater zum Leben erwecken soll, nur eine Komödie. Gestartet werden sollte mit Tollers „Masse Mensch".[4] Gespielt werden aber belanglose Boulevardstücke.

Höfgen nimmt in Hamburg Stunden für Stepp-Dance bei einer exotischen Meisterin, der Prinzessin Thebab, seiner schwarzen Venus Juliette, der Tochter einer Afrikanerin und eines Hamburgers, für deren *barbarisches Haupt* man sich als Background gut *eine Urwaldlandschaft*[5] vorstellen könne. In ihren Tanzstunden bleibt dem inzwischen bekannten und beliebten Hamburger Schauspieler und Regisseur nur die Rolle des kleinen Schülers, dem nichts bleibt als zu gehorchen, sich zu erniedrigen und die häufigen Strafen demütig über sich ergehen zu lassen[6]. Dafür entschädigt ihn ihre Peitsche, die ihn bis zur finalen Ekstase bringt. Eine eindrucksvolle Episode, die in Gründgens Leben keine Entsprechung hat.

Höfgen erzielt seinen Hamburger Durchbruch mit der Rolle eines widerlichen Emporkömmlings in einer Komödie, die an den „Snob" von Sternheim erinnert. Und dafür ist Höfgen mit der verführerischen Eleganz seines Auftritts wie geschaffen, besonders aber mit seiner findigen und niederträchtigen Beredsamkeit, mit der er alle reinlegt, nur um sich selbst gnadenlos nach oben zu boxen[7]. Über seine Kollegin in dieser Komödie, Nicoletta Niebuhr, lernt er Barbara, seine spätere Frau kennen: sie berauscht ihn aufgrund ihrer *vollkommenen Anständigkeit* und könnte sein *guter Engel* werden[8]. Im Gegensatz zu der schwarzen Venus stimmt hier wieder alles: ihr Vorbild ist Erika Mann, und Gustaf Gründgens spielt den „Snob" zum ersten Mal am 21.8.1925 und dann in eigener Inszenierung am 19.4.1928. Barbara akzeptiert Höfgens Werbung aus Mitleid, auch aus Neugier und pädagogischer Anteilnahme. Bei der Hochzeit in dem märchenhaften, großbürgerlichen Elternhaus Barbaras geniert sich Höfgen wegen seiner Kleinbürgerlichkeit, die ihm schlagartig klar wird: *Neid mischte sich in das Entzücken*[9]. Trotz allem: Er versagt in den Nächten und die Umarmungen werden ihm immer mehr zur Last: Er leidet qualvoll an seinem häufigen peinlichen Unvermögen![10] Hat ihn Juliette mit ihrem perversen Auspeitschen verdorben oder ist er ganz einfach wie sein Modell homosexuell? Barbara schaut mit immer mehr Misstrauen auf Hendrik und dem wird immer unerträglicher, nicht bewundert zu werden. Sein *Engel* wird schnell zu seinem ihn peinigenden Gewissen[11]. Die Entfremdung zwischen den beiden schreitet weiter fort und führt zur Trennung. Auch hier scheint Gründgens Ehe mit Erika Mann auf, die am 24.7.1926 geschlossen, aber bereits am 9.1.1929 wieder geschieden wird.

Endlich kommt für Höfgen die ganz große Chance. Der legendäre ‚Professor' engagiert ihn nach Berlin. In die Hauptstadt, da muss man hin, wenn man ein großer Schauspieler werden will. Und wirklich: Höfgen setzt sich mit Können und eiserner Disziplin relativ schnell durch und wird zur Größe von morgen erklärt. Daneben verdient er in Schurkenrollen sagenhaft viel Geld beim Film und mit seinen Chansons in Music Halls. Klaus Mann kann sich da nur noch entsetzt und entgeistert fragen, ob es seinem Höfgen denn wirklich nicht auffalle, dass sein Tanz auf dem Vulkan mit den Nazis einfach nicht gut ausgehen könne. Nein, im Gegenteil: Höfgen *sieht nichts, hört nichts, merkt nichts.* Er lebt blind und eingekerkert in seinen Ambitionen, jedenfalls nicht in Berlin. Dabei genießt er seine dekorative Rolle neben den Nazis, einem bereits vom Untergang gezeichneten Regime[12].

Ganz wie im Leben Gustaf Gründgens, soweit ist alles deckungsgleich. Und wie Gründgens, dessen große Rolle in der Spielzeit 32/33 der Mephisto ist, spielt Höfgen diese Rolle und wird damit zum Liebling von Berlin und dem Ministerpräsidenten, mit dem er den Teufelspakt schließt, ohne ernsthaft Konsequenzen daraus zu ziehen, dass der Himmel über Berlin düster geworden ist: *Gott hat sein Antlitz weggewendet*[13]. Im Gegenteil: Hendrik verteufelt sogar die Emigranten, die er für schwächliche Drückeberger hält, ganz nach dem bekannten Slogan: *Wir hier stehen an der Front, die dort draußen drücken sich in die Etappe*[14].

Doch dann wird Höfgen klar, dass er sich an die Nazis ausgeliefert hat, dass er jetzt ein Stigma trägt[15]. Vielleicht ein Grund mit, warum er sich für verfolgte Kollegen einsetzt, sozusagen als Rückversicherung für veränderte Zeiten. Ganz wie Gustaf Gründgens bringt auch Hendrik Otto Ulrichs an das Staatstheater und bezahlt nach dessen Ermordung durch die Nazis inkognito die Beerdigung. Und ganz nach seinem Vorbild vergütet auch Hendrik seinen jüdischen Privatsekretär aus seiner eigenen Schatulle. Wie Gründgens mit Marianne Hoppe geht auch Höfgen eine zweite Ehe ein. Mit der Schauspielerin Nicoletta Niebuhr, sein Feigenblatt, um den Gerüchten über seine schwarze Geliebte Julietta die Spitze abzubrechen. Der Roman endet dann als Schlussszene mit der Bedrohung durch den jungen kommunistischen Fassadenkletterer und dem dramatisch-theatralischen Zusammenbruch Höfgens, dem Klaus Mann dabei die Erlösung verweigert.

Und Klaus Manns eigener Selbstmord Ende Mai 1949 in Cannes? Geschieht der analog zu dem perspektivelosen Zusammenbruch Höfgens aus purer Verzweiflung oder handelt es sich doch um eine Selbsterlösung durch eine sinnvolle politische Tat, den Weckruf an die Welt zur Vermeidung eines Dritten Weltkriegs – ganz im Sinne der Wendung zur Sozialutopie von Goethes Faust?

Thomas Mann sieht darin vor allem die starke Todessehnsucht seines Sohnes, die ihn sein Leben lang begleitet hat und die er von der Familie geerbt habe, schließlich hätten sich ja seine beiden Schwestern Carla und

Julia auch umgebracht[16]. Ein Blick auf die Tagebücher 1944–1949 Klaus Manns bestätigt, dass er damals immer wieder den Tod *begehrt, erwartet, erhofft*[17], dass er *ständige Sehnsucht* danach hat[18] und das Jahr 1949 nicht überleben[19] will. Golo Mann stimmt dem zu[20], für den „Spiegel" steht dagegen Thomas Mann als tonangebende Überfigur und Belastung ganz im Vordergrund[21].

Erinnert man sich an die letzten beiden Briefe, die Klaus Mann kurz vor seinem Tod an seine Mutter und an Erika geschrieben hat, dann wird deutlich, dass die Erklärungsversuche mit dem Todestrieb und dem übermächtigen Vater nicht ausreichen: ihm gehe es ganz leidlich und sein großer alarmierender Artikel „The Ordeal of the European Intellectuals" mit seinem Aufruf zum Selbstmord von Tausenden von Intellektuellen als Protest gegen den ‚Kalten Krieg' erscheine demnächst, schreibt er in dem ersten Brief. Im zweiten hebt er hervor, dass er wieder an kleineren Artikeln arbeite, bald aber wieder seinen Roman „The last day" aufnehmen wolle, im Übrigen habe er sich über den neuesten Klatsch, auch über Gründgens, den ihm Mutter Katia und Erika mitgeteilt hätten, sehr amüsiert, ja ergötzt. Und ob man sich Ende Juni in Österreich treffen könne?[22] Wer so im Leben steht, den hat sein Todestrieb noch nicht voll im Griff und der gibt auch nicht wegen seines Übervaters auf, auch wenn dessen Beifall ihm wirklich wichtig ist. Ganz abgesehen davon, dass Klaus Mann spätestens seit dem Erscheinen seiner zwei großen Romane, dem „Mephisto" 1936 und dem „Vulkan" 1939, kein „Kleiner Mann" mehr ist. Ein Wortspiel, das auch Pierre Assouline in seinem Vorwort zu der französischen Ausgabe des „Treffpunkt im Unendlichen" verwendet[23] und das bereits Klaus Mann für seine Flugblätter gegen die Nazis in Erwägung zieht[24]. Nein, Klaus Mann wird jetzt immer anerkannter: Sein Vater lobt den „Mephisto" in höchsten Tönen als brillantes und moralisches Buch und bescheinigt seinem Sohn nach Erscheinen des „Vulkan", dass er mehr könne als die Meisten[25]. Für Lion Feuchtwanger rückt ihn sein „Vulkan" in die erste Reihe der deutschsprachigen Autoren[26]. Der kleine Mann ist ein großer geworden, man beurteilt ihn jetzt nicht mehr wie früher als den Sohn[27], er hat nichts mehr mit dem talentlosen Bert zu tun, mit dem ihn Thomas Mann in seiner Novelle „Unordnung und frühes Leid" vergleicht. Und Klaus Mann träumt auch nicht mehr wie noch 1932/33 von dem Tod seines Vaters[28].

Da müssen für seinen Suizid schon noch andere Gründe her und die sind: der Verlust seiner antifaschistischen Rolle nach Ende des Dritten Reiches, die doch sehr locker gewordenen Beziehungen zu seiner Lieblings-Schwester Erika, die Drogensucht – *Oh, dieses Spiel mit dem Feuer. Ich bin halbverbrannt*[29] – und die Schreibblockade auf Deutsch und Englisch, von der er sich nur schwer befreien kann. Sicher auch die Kommunistenvorwürfe, die sich wieder gegen ihn erheben, die Chancenlosigkeit als Emigrant im Nachkriegs-Deutschland verlegt zu werden und das vor dem Hintergrund des „131-Gesetzes", das Ex-Nazis Beamtenstellen sichert. Ganz bestimmt spielt dagegen seine Homosexualität keine entscheidende Rolle, zu der steht er, sie macht ihm im Grunde nicht viel mehr Probleme als eine heterogene Beziehung, wenn sie ihn auch in der Gesellschaft zeitweise ausgrenzen kann[30]. Er lebt sie in seinen Büchern und in seinem Leben voll aus, empfindet sie eher als *Adelszeichen*[31]. Schon in seinem „Frommen Tanz" aus dem Jahre 1925, einem der ersten Homosexuellen-Romane, empfindet Andreas diese Liebe nicht als Verirrung, sondern bejaht sie und gibt sich ihr ganz hin. Überbewertet werden darf sie damit bei der Erklärung seines Suizids auf keinen Fall.

Alle genannten Faktoren spielen eine Rolle, aber wo bleibt sein Aufruf aus dem Jahr 1949 zum kollektiven Selbstmord der Intellektuellen zur Alarmierung der Welt, die vom ‚Kalten Krieg' und der Atombombe bedroht ist? Damals scheint Rettung noch möglich. Und wo bleibt seine Übernahme der deutschen Schuld, einmal in seiner Autobiografie „Der Wendepunkt"[32] und verschlüsselter in seinem Romanfragment „The Last Day"[33], die noch einmal sein politisches Bewusstsein unterstreicht? Diese Faktoren spielen eine zentrale Rolle bei seiner Entscheidung zum Suizid, eine Interpretation seines Selbstmordes als politischer Protest, die Klaus Mann auch am 1. Juli 1943 in seinem Tagebuch bestätigt und später dann noch einmal in seinem Brief an Hans Feist vom 23. August 1948, in dem er einen gescheiterten Suizidversuch mit der Weltlage und seiner Veranlagung begründet. Eine Deutung, die sich auch auf seine grundsätzliche Forderung nach politischem Engagement stützt: Die Welt sei zwar sehr schlecht und wahrscheinlich weitgehend unverbesserlich, aber trotzdem müsse man sich ständig um kleine Fortschritte bemühen: *Daher unser politischer Einsatz*[34]. Damit liegt bei Klaus Mann eine Selbsterlösung durch seinen politisch motivierten Freitod vor, wenn auch die anderen genannten Gründe dazu beitragen.

Hans Mayer, für den Klaus Mann *im und am Kalten Krieg*[35] stirbt, und Heinrich Mann, für den sein Neffe *von dieser Epoche getötet* wurde[36], setzen relativ apodiktisch auf den politischen Aspekt seines Suizids. Den lehnt Marianne Krüll kategorisch ab. „Er schlich sich davon“, meint sie, „als einer, der sich aufgegeben hatte“[37].

Uwe Naumann, Erika Mann und Katrin Höcherl sehen den politischen Aspekt neben den anderen skizzierten Gründen[38]. Seine Schwester Monika dagegen glaubt, dass Klaus Mann nicht verwinden kann, seine engelhafte Jugendlichkeit und Schönheit zu verlieren[39]. In diese Richtung denkt auch Rong Yang, der Klaus Manns Angst vor dem Altwerden und vor sexuellen Problemen hervorhebt[40].

Teufelspakt und Erlösungsproblematik: äußerer Anstoß und innerer Antrieb bei Klaus Mann

Die äußeren Anregungen zu seinem „Mephisto“-Roman liegen heute ganz offen: Hermann Kesten, Lektor in dem Amsterdamer Verlag Allert de Lange, macht seinen Bekannten Klaus Mann im November 1935 in einem Brief auf den Stoff aufmerksam, ein Schreiben, das der Journalist und Herausgeber von Briefen Klaus Manns, Martin Gregor Dellin, im Herbst 1974 wiederfindet[1]. Kestens Vorschlag ist, einen Theaterroman über einen homosexuellen Karrieristen im Dritten Reich zu schreiben, ein Thema, das besonders Klaus Mann bei seiner Veranlagung gut bewältigen könne[2]. Eine Idee, die Fritz Landshoff sein Lektor aus dem Querido-Verlag, sehr unterstützt, er solle nur den Protagonisten nicht schwul sein lassen[3]. Verstärkt wird dann dieser Anreiz durch einige Zeitungsartikel über den opulenten Ball zu Görings 43. Geburtstag am 11. Januar 1936: die Artikel sind sich einig, dass dieses Fest, auf dem sich zahllose Prinzen, Diplomaten und Generäle um die Nazi-Führung schamlos drängen und das Ehepaar Göring stürmisch feiern, gar zu aufwendig ist. Allein die Dekorationen kosten rund 53.000 Reichsmark und die Berliner Staatsoper muss dafür mehrere Tage geschlossen bleiben. Willkommener Anlass zur Kritik für die Artikel aus der „Münchner Illustrierten Presse“ vom 23.1.36, dem „Pariser Tageblatt“ vom 27.1.36 oder für den Beitrag aus „Das neue Tagebuch“ vom 25.1.36[4].

Wer könnte da noch widerstehen, die Anregung aufzugreifen, vor allem wenn er jemanden sehr gut kennt, der sich wirklich mehr als ideal zum

Vorbild eignet: den NS-Intendanten Gustaf Gründgens, den Liebling des mächtigen Hermann Göring, seinen ehemaligen Freund, Theaterkollegen aus Hamburger Tagen und Ex-Schwager[5]. Ihre gegenseitige Faszination beginnt im Herbst 1925 mit der gemeinsamen Aufführung von Klaus Manns laszivem Skandalstück „Anja und Esther", bei dem auch seine Schwester Erika und Pamela Wedekind, die Tochter des Autors von „Frühlingserwachen", mitspielen. Klaus Mann sieht damals in Gründgens den *Komödianten par excellence*, bei dem man bei seinem leichtfüßigen Gang fast Flügel vermutet, und der hält ihn für den *Schilderer* und *Wegweiser* der damaligen Jugend[6]. Ganz klare Überschätzungen auf beiden Seiten, denn auch das zweite Stück Klaus Manns „Revue zu Vieren" (1927), das er für das eingespielte Quartett schreibt, fällt gnadenlos durch, übrigens ebenso wie das dritte „Geschwister" (1930) nach dem Cocteau-Roman „Les enfants terribles"[7]. Daran nimmt Gründgens schon nicht mehr teil, der fürchtet um seine Karriere und steigt bereits aus der Revue aus, als das Stück auf Tournée geht[8]. Ein erster Riss in den Beziehungen zwischen Klaus Mann und Gründgens, der dann durch die Scheidung Gründgens von seiner Schwester Erika im Januar 1929 vertieft und nach dessen Aufstieg zum NS-Intendanten unüberbrückbar wird und sich in eine Hassliebe verwandelt.

Wie unpolitisch und sorglos sich Klaus Mann in den „Roaring Twenties" verhält, zeigen schon seine drei erwähnten Theaterstücke, die sich von den öffentlichen Zeitfragen abwenden und bei denen es um die Suche nach einem privaten Weg für sein Leben, aber auch für seine Generation geht[9]. Diese Tendenz zeigt sich bereits bei seinem Besuch der Berg- und Odenwaldschule: sein Lehrer Paul Geheeb hält ihn mit fünfzehn Jahren für sehr begabt, aber auch für extrem selbstgefällig ohne Interesse an der Gemeinschaft, an die er noch herangeführt werden müsse[10]. In Anspielung an die „Zauberberg"-Patienten charakterisiert sich Klaus Mann wenig später treffend selbst: *ja, das Draußen ist Flachland*, das nicht interessiert, es geht nur um das Ich. Es sind Tage *politischer Unschuld und erotischer Exaltation*, Jahre ohne Norm, denn die gibt es damals nicht, fasst er in seinem „Wendepunkt" zusammen[11]. Die Schieber tanzen damals begeistert Foxtrott, die Bands spielen „Ausgerechnet Bananen" und Klaus Mann hopst mit[12].

Ein echter deutscher Mann mag keinen Franzen leiden,/ doch ihre Weine trinkt er gern, ruft Brandner in Auerbachs Keller in Goethes „Faust I" aus[13]. Und als Faust seinen Appetit auf Gretchen zu ungezügelt ausdrückt, da kritisiert ihn Mephisto zynisch: *Ihr sprecht schon fast wie ein Franzos* (2645). Nein, diese antifranzösische Haltung, die besonders für die Zeit nach dem 1. Weltkrieg in Deutschland gilt, teilt Klaus Mann ganz und gar nicht. Er ist frankophil und liebt Paris. Seine Kontakte zu den französischen Schriftstellern prägen ihn in den zwanziger Jahren zutiefst, besonders zu René Crevel, Jean Cocteau und André Gide, den er 1926 kennenlernt und der ihm im Rahmen seines *individualisme serviable* den Weg zu sich selbst weist: *Sich selber treu sein, darauf kommt alles an*, nur dann könne man auch der Gemeinschaft dienen[14]. Ein erster Schritt aus seiner Fahrlässigkeit und Oberflächlichkeit, die er sich selbst für die zwanziger Jahre bescheinigt[15], in Richtung politisch-soziale Verantwortung bahnt sich damit an, der dann durch die Septemberwahlen 1930 verstärkt wird, die für die NSDAP den Durchbruch bedeuten: sie gewinnt über sechs Millionen Stimmen und ihre Parlamentssitze schnellen von zwölf auf 107 Mandate. Das rüttelt ihn auf[16] genauso wie die Juli-Wahlen 1932, die die NSDAP zur stärksten Partei machen und ihn mit Entsetzen erfüllen[17]. Er wird zum radikalen Hitler-Gegner und Antifaschisten. Hitler ist für ihn *Gestank*, *eine Pest*, ein Teufel, mit dem man sich nicht an einen Tisch setzt, *eine Gefahr*, *die man bekämpft*[18].

Sein Kampf gegen die Nationalsozialisten beginnt, ein Kampf, den er mit Worten führt, gegen Hitlers Olympiade 1936 und für die Republikaner im Spanischen Bürgerkrieg im Juni und Juli 1938: er ruft zum Boykott der Spiele des *blutbefleckten Führers* auf[19] und fordert internationale Einigkeit gegen den Faschismus[20].

Seine Hauptwaffe werden aber seine literarischen Werke, mit denen er unablässig angreift: sein im Frühjahr 1932 erschienener „Treffpunkt im Unendlichen“ ist ein Zeitroman. Im Fadenkreuz der gesellschaftlichen Krise Anfang der dreißiger Jahre stehen der krankhafte Ehrgeiz, die blinde Gefallsucht und Karriereversessenheit eines Tänzers, der stark an Gustaf Gründgens und den „Mephisto“ von Klaus Mann erinnert. Nicht nur durch seinen beflügelten Gang und seinen Ledermantel[21], durch seinen entwaffnenden Charme und seinen starken Willen[22], sein Werben um Sonja, hinter der Erika Mann steht[23], seinen unbedingten Erfolgswillen, seine kurzzeitige Freundschaft und künstlerische Zusammenarbeit mit Sebastian[24], hinter dem Klaus Mann aufleuchtet, seine Konversion vom Revolutionär zum konservativen Faschisten[25], durch seinen Opportunismus[26], seine Lügen[27], nein auch durch sein Credo „Kraft durch Kunst“[28], angelehnt an den

Nazi-Slogan „Kraft durch Freude", und durch seinen kalten Ehrgeiz[29]. Aber auch durch den Traum Sonjas, die diesen Tänzer im Schlaf als ihren Regisseur mit einem Klumpfuß sieht, also mit Goebbels bzw. mit dem Teufel oder Mephisto assoziiert[30].

Sein Roman „Flucht in den Norden" (1934) schreibt sich leicht *wie unter Diktat*[31]. Verständlich, denn er behandelt den ihm vertrauten Konflikt zwischen Pflicht und Liebe, bei dem sich die Heldin Johanna für den antifaschistischen Kampf entscheidet und aufopfert[32]. Höhepunkte des literarischen Kampfes von Klaus Mann gegen die Nazis sind dann sein „Mephisto" (1936) und sein „Vulkan" (1939), neben Anna Seghers „Transit" (1944) und Lion Feuchtwangers „Exil" (1940) der wichtigste deutsche Exilroman. Er arbeitet beinahe zwei Jahre am „Vulkan", der sein umfangreichstes Werk wird und den er für sein Bestes hält[33]. Und auch hier geht es neben dem häufig harten Exil-Alltag um den antifaschistischen Kampf, für Klaus Mann seit Anfang der dreißiger Jahre eine unbedingte innere Notwendigkeit. Wie für seine Protagonistin, die Schauspielerin Marion von Kammer und später für Kikjou, die andere Hauptfigur, die sich wie Klaus Mann selbst vom drogensüchtigen schwulen Bohemien zum kämpferischen Hitler-Gegner entwickelt. *Seid wachsam .... Plagt euch! Kämpft! ... Seid rebellisch!*, sind die eindrucksvollen und damals für Klaus Mann symptomatischen Sätze am Ende des „Vulkan"[34]. So wie ihn weckt das Exilleben seine Romanfiguren auf und macht sie zu unerbittlichen Feinden Hitlers.

Diese Einstellung lässt ihn auch polemisch gegen die angepassten Schriftsteller vorgehen. Seine „Querelles littéraires" beginnen, die er mit offenen Briefen und Artikeln führt. Zunächst gegen Stefan Zweig, der die Septemberwahlen 1930 als nicht ernst zu nehmende Auflehnung der Jugend weichspült, ein *Allesverstehenkönnen*, das er klar ablehnt[35]. Der nächste Schlag geht am 9. Mai 1933 in einem offenen Brief gegen Gottfried Benn: wer sich im Gegensatz zu den ausländischen Protesten für das NS-Regime ausspreche, der grenze sich für immer aus dem demokratischen Chor selbst aus. Und im September 1933 lädt er noch einmal nach und fordert *Unversöhnlichkeit gegen die Verräter*[36]. Als dann der deutsch-französische Schriftsteller Josef Breitbach im Juni 1934 bedauert, dass die Franzosen die Werke der volksverbundenen deutschen Autoren wie Hans Grimms „Volk ohne Raum", Hermann Stehrs „Der Heiligenhof" oder Albrecht Schaeffers „Helianth" gar nicht kennen, sondern sich nur auf Autoren wie Heinrich Mann und deren Deutschland-Karikaturen stützen, da kritisiert ihn Klaus Mann in der Revue „Hebdomadaire" scharf als jemanden, der den reichsdeutschen Gesang anstimmt und das mitten in Paris[37].

Seine politisch-moralische Verpflichtung, die kennt er damals, ganz zweifellos[38]. Trotzdem leistet er sich im Sommer 1937 mit seiner Selbstmörder-Novelle „Vergittertes Fenster" über den bayrischen König Ludwig II einen Seitensprung ins *Ästhetizistische*, in ein unpolitisches *Märchenland*[39], findet aber bereits auf seiner amerikanischen Vortragstournee im Winter 1937/8 zur *Zeitgeschichte als Erlebnisreferat* zurück[40]. Er warnt vor der deutschen Gefahr in Form der *personal history* und kommt bei den Amerikanern am besten an, wenn er alles anekdotisch würzt: *je persönlicher, desto besser*[41]. Eine Technik, die er in seinem „Escape to Life", einem „Who's Who" des Exils, das er Ende 1938 mit seiner Schwester Erika abschließt, ein Stück weit beibehält: die „Mann-Twins" sind eben mit vielen der porträtierten Exil-Größen wie Lion Feuchtwanger, Elisabeth Bergner oder Franz Werfel persönlich bekannt und können oft Anekdoten einflechten. Die persönlich gefärbte Form macht das Buch leichter lesbar und sichert ihm einen gewissen Erfolg. Seine antifaschistische Tendenz wird außerdem in den Berichten über den Pariser Kongress zur Verteidigung der Kultur 1935, über den Spanischen Bürgerkrieg und über die „Kultur im Dritten Reich" mit ihren angepassten Protagonisten wie Gustaf Gründgens besonders deutlich.

Seine zweite literarische Zeitschrift „Decision", die er ab Januar 1941 in New York herausgibt, ist wie seine erste, die in Amsterdam erschienene „Sammlung" (1933–1935), wieder gegen die Nazis gerichtet, für ihn eine *Geste des Protests und der Hoffnung*[42]. Aber „Decision" geht schon wegen finanzieller Schwierigkeiten nach rund einem Jahr ein.

Klaus Manns „Mephisto" ist damit ein literarisches Juwel im Rahmen seiner mit dem Wort geführten und aus tiefster innerer Überzeugung kommenden Aktivitäten gegen die Nationalsozialisten.

Nach Scheitern seiner „Decision" führt er seinen Kampf weiter: als Soldat in der amerikanischen Armee. Nach seiner Aufnahme, um die er sich mehrfach vergeblich bewirbt, Ende Dezember 1942 und Ausbildung und nach seinem Erhalt der amerikanischen Staatsbürgerschaft im September 1943 kommt er im Januar 1944 in Casablanca an und nimmt im Dienste der „Psychologischen Warefare Branch" an dem Italienfeldzug teil. Seine Hauptaufgabe: das Erstellen von Flugblättern, die an und hinter der Front über den deutschen Soldaten abgeworfen werden: *der Kriegsgefangene kann ruhig schlafen – er weiß – er wird die Heimat wiedersehen* oder: *Hitler hat noch mal Schwein gehabt* – bei dem Attentat des 20. Juli – *wirst auch Du solches Schwein haben?*, lauten seine Pamphlete[43]. Er bleibt dem Wort treu, auch als Soldat. Ob seine Flugschriften eine schärfere Waffe als seine literarischen Werke oder polemischen Artikel sind?

Klaus Manns faustischer politischer Kampf scheint nach dem Zweiten Weltkrieg zunächst beendet, seine Wortwaffe vorerst stumpf. Warum? Natürlich einmal, weil die Nationalsozialisten besiegt sind, aber zum anderen, weil ihm das Deutschland der unmittelbaren Nachkriegszeit als *moralisch verstümmelt*, *verkrüppelt* erscheint, vor allem, weil die Deutschen ihre Schuld nicht anerkennen, sondern versuchen, sie brutal und rücksichtslos beiseitezuschieben[44]. Ein Verdrängungsmechanismus, der sich besonders in seinen Interviews von Hermann Göring, Richard Strauss und Emil Jannings zeigt und der eigentlich zunächst mal jedem die Sprache ein Stück weit verschlägt, besonders aber Klaus Mann, der damals viele Probleme hat: die Lockerung der Bindung an Erika, die literarische Schreibblockade, die missglückten Entwöhnungskuren oder die Nicht-Veröffentlichung seiner Bücher nach dem Krieg und das Desinteresse der Alliierten, auf Exilierte zurückzugreifen[45], von seinen permanenten Geldproblemen ganz zu schweigen.

Richtige Nazis in Deutschland? Nein, die habe es doch nie gegeben, behaupte man heute frech und angriffslustig, selbst Göring sei eigentlich keiner gewesen. *Lauter „Innere Emigration“*,[46] stellt Klaus Mann damals lapidar und resigniert fest. Mit Hitler sei er doch bereits seit Längerem vollständig verkracht, betont Göring in seinem Augsburger Interview im Mai 1945, an dem Klaus Mann teilnimmt. Und die Vernichtungslager? Dass die KZ's sich dazu entwickelt hätten, das habe er wirklich nicht gewusst. Und mit dem Brand des Reichstags? Damit habe er natürlich absolut nichts zu tun.[47] Verdrängung und Lüge, wohin man blickt! Der Komponist Richard Strauss setzt dann noch in seinem Gespräch mit Klaus Mann mit seinem puren Egoismus eins drauf und entpuppt sich als *ein großer Mann – so völlig ohne Größe*, ohne Gewissen:[48] Dass er in seine Villa keine Ausgebombten aufnehmen musste, dass seine Lebensmittelversorgung im Dritten Reich ganz gut klappte, dass Hans Frank, der verbrecherische Generalgouverneur im besetzten Polen, seine Opern schätzte, das zählt für ihn, daran erinnert er sich vor Klaus Mann, nicht aber an die Nazi-Verbrechen[49]. Die Erwähnung, dass seine jüdische Schwiegertochter unter den Nazis nicht jagen und nicht reiten durfte, schlägt dann dem Fass den Boden aus und lässt Klaus Mann das Gespräch beenden[50].

Der Atombombenabwurf über Hiroshima und Nagasaki im August 1945 wird dann dazu beigetragen haben, seinen Kampfgeist wieder zu stimulieren. In seinem 1945/46 entstandenen Drama „Der siebente Engel“ kündigt sich bereits der Weltuntergang an: die Physiker drohen, den Globus in die Luft zu jagen! Nach Klaus Mann verdienen daran mit Sicherheit Politiker und Wirtschaftsmanager. Das Stück entwickelt sich zu seinem *Sorgenkind*, weil es nicht aufgeführt wird, übrigens bis heute nicht[51]. Noch bleibt seine wiederaufgenommene Waffe stumpf.

Der sich verschärfende Kalte Krieg fordert ihn dann weiter heraus. „The Last Day“, sein geplanter Roman über diese desaströse Weltlage und die erstarrenden Systeme in Ost und West, soll seine Antwort sein. Besonders interessant ist dabei die Schuldübernahme seines amerikanischen Protagonisten Julian Butler für den Holocaust und die Atombombenabwürfe in Hiroshima und Nagasaki: nur noch sterben will er, „weil wir jene verfluchte Bombe auf ein Städtchen in Japan geworfen haben“ und weil „wir jene Juden umgebracht haben“[52]. Wahrscheinlich aufgrund seiner damaligen Schreibhemmung bleibt das Buch Fragment. Dafür greift er mit seinem letzten großartig deutlichen Artikel „Europe’s Search for a new Credo“ bzw. in der deutschen Fassung „Die Heimsuchung des europäischen Geistes“ in einem letzten Aufbäumen die zerrissene und lethargische Welt gnadenlos an und fordert eine *Selbstmordwelle* von Tausenden von Intellektuellen, ein klares, verständliches Signal, das die Welt aufwecken soll. Eine scharfe Zuspitzung, die er kurz vor seinem Tod abschließt[53], von der er weiß, dass sie direkt nach seinem Selbstmord veröffentlicht wird[54].

Was ihm als Alternative zu dem Kalten Krieg vorschwebt? Die Gründung eines europäischen Staates. Dass die Zeit dafür damals noch nicht reif ist, das ist ihm bewusst[55]. Seine Antwort darauf ist die geforderte Suizid-Welle, nur durch sie kann die Welt vielleicht noch aufgerüttelt und gerettet werden. Eine erneute Bestätigung seines starken inneren Antriebs, politisch verantwortlich auf die Zeitprobleme zu reagieren, sei es durch fiktionale Arbeiten wie den „Mephisto“ oder den „Vulkan“ oder durch Sachtexte wie die „Heimsuchung“.

Thomas Mann

Der Weg Adrian Leverkühns in den Teufelspakt und die Erlösungsproblematik

Biograf Adrians ist sein zwei Jahre älterer Freund Serenus Zeitblom, ein bürgerlicher Gymnasiallehrer und Altphilologe ohne starke Persönlichkeit, der sein eigenes ganzes Leben lediglich mit der linken Hand lenkt (415)[1], so stark ist er auf seinen ‚Adri' fixiert. Der aber hält auf Distanz und hat das immer getan, darüber ist sich Zeitblom nach dessen Tod vollkommen im Klaren: Adri sei eben weitgehend liebesunfähig gewesen, vielleicht mit zwei Ausnahmen, möglicherweise habe er einmal eine Frau und zuletzt ein Kind geliebt (13).

Dass Zeitblom eine eher farblose Frau heiratet, passt zu ihm, auch seine Auffassung des starken Gegensatzes von Künstlertum und Bürgerlichkeit, die sicher noch sein eigenes nicht perfektes Viola d'amore-Spiel mit sieben Seiten verstärkt.

Die Erzählzeit umfasst die Phase von Mai 1943 bis 1947 und bildet die Höllenfahrt Deutschlands in die Niederlage und Entmündigung nach Kriegsende als Hintergrund ab. Zeitblom wird dabei von seinen zwei hitlertreuen Söhnen bespitzelt und wird selbst zum Mitläufer, ohne sich von aller Mitschuld freisprechen zu können. Selbst Thomas Mann erklärt sich erst nach stärkstem Drängen seiner beiden Großen, Erika und Klaus, 1936 öffentlich energisch gegen die Nazi-Regierung. Dann allerdings immer wieder und immer entschiedener. Besonders mit seinem „Doktor Faustus", einem Symbol der deutschen Geschichte, einem Mahnmal, einer buchstäblichen Flammenschrift gegen den Nationalsozialismus und seine Verbrechen. Natürlich auch mit seinen „Reden an die deutschen Hörer", die als Subtext ebenfalls dazu gehören[2].

Die erzählte Zeit beschreibt die Jahre 1885 bis August 1940 (675), die Lebenszeit von Adrian Leverkühn. Seine Kindheit auf dem Buchelhof bei Kaisersaschern, die Gymnasialjahre in dieser Kleinstadt, ab 1904 seine Studienzeit in Halle und später ab dem Wintersemester 1905 in Leipzig, seinen mehrjährigen Italienaufenthalt, seine Münchener Zeit ab 1910 mit einer erneuten Italienunterbrechung, die Umsiedelung nach Pfeiffering südwestlich des Starnbergersees 1913 und schließlich nach seinem Zusammenbruch im Jahr 1930 seine letzten Krankheitsjahre bei seiner Mutter auf dem elterlichen Hof bis zu seinem Tod im Mai 1940.

Ein Leben, das in diesem Buch in drei Strängen beschrieben wird: Adrians Bildungsgang, seine alles bestimmende musikalische Entwicklung und die deutsche Zeitgeschichte, die als Projektionsfläche dahinter aufscheint. Damit wird nicht streng chronologisch vorgegangen.

Adrians Vater Jonathan ragt aus der Handwerker- und Bauernfamilie der Leverkühns durch seine naturwissenschaftlichen Hobby-Studien heraus und betreibt chemische Versuche, die in früheren Epochen schon fast als Hexerei galten (22). Ein ‚Zauberer', der nahtlos in die mittelalterlich-krankhafte Kaisersaschener Grundstimmung passt. Bei seiner abendlichen Lektüre illustrierter zoologischer Bücher schauen ihm Adrian und Serenus Zeitblom häufig über die Schulter: bereits hier lernt Adrian die Glasflügler kennen, auch die für ihn so Schicksal bestimmende *Hetaera Esmeralda*, einen Schmetterling aus Brasilien (23). Ein erstes Beispiel für den Einfluss Brasiliens auf Thomas Mann, der vor allem über seine brasilianische Mutter Julia ausgelöst wird. Julia ist Modell für die Senatorin Rodde aus Bremen, bei der Adrian später in München ab 1910 kurze Zeit wohnt. Ihre Kinder Carla, die Schauspielerin, und Julia, die konservative Bankiersfrau, stehen hinter den Töchtern der Senatorin Rodde, hinter Clarissa und Ines[3]. Von seiner Mutter Elsbeth erbt Adrian den südländischen brünetten Teint.

Adrian besucht wie sein Freund Serenus Zeitblom das Gymnasium in Kaisersaschern an der Saale in der Nähe von Merseburg. Eine fiktive Stadt mit mittelalterlichem Charakter nicht nur in der Architektur ihrer Bürgerhäuser und Stadtmauer, sondern ganz besonders in der Stimmung, die über ihr liegt, eine *altertümlich-neurotische Unterteuftheit* (52), die Scheiterhaufen und Bücherverbrennungen jederzeit möglich macht. Kurz, es ist eine *Stadt der Hexen und Sonderlinge* (113). Während seiner Kaisersascherner Schulzeit wohnt Adrian im Haus seines Onkels, einem Bürgerhaus aus dem 16. Jahrhundert mit einem riesigen Instrumentenmagazin. Er ist ein heller Kopf, vielleicht zu klug, denn er lernt zu leicht und wird ein *schlechter Schüler in Primusgestalt* (64). Sein Lehrer fürchtet bei dieser Begabung um seine Bescheidenheit.

Kann Adrian bei seinem Theologie-Studium in Halle die altertümliche Atmosphäre Kaisersascherns überwinden, fragt sich sein Biograf zweifelnd.

Nein, eher nicht, denn die Hallensische Theologie entpuppt sich als mittelalterliches dämonisches Bollwerk. Das Gute erscheint als eine *fleur du mal* (363). Der Teufel ist der notwendige Gegenspieler Gottes, das ist das Credo von Adrians Professor Schleppfuß (134), für den Freiheit *die Freiheit zu sündigen* ist (137). Die Welt erscheint damit auch einem seiner Kommilitonen als Kooperationsarbeit zwischen Gott und Teufel (166).

Guten Appetit (190) wünscht der Dienstmann Adrian lüstern, der ihn an seinem ersten Tag in Leipzig zu Beginn des Wintersemesters 1905 anstatt zu einem guten Gasthof in ein Bordell führt. Der scheue Adrian prescht sofort verunsichert zu dem Klavier vor und schlägt einige Dreiklänge an. Da nähert sich Hetaera Esmeralda, eine der auf Kundschaft wartenden Grazien in ihrem engen transparenten Kleid, und streichelt ihm mit ihrem nackten Arm über die Backe. Der Blitz sitzt und brennt, Adrian flieht zwar, kann aber diesen Glasflügler nicht mehr vergessen (198). Im Mai 1906 ist es dann soweit: Adrian fährt nach Graz zur Premiere der „Salome“ von Richard Strauss, der vor erotischer Spannung knisternden Story über eine Prinzessin, die in der zweiten Hälte des 19. Jahrhunderts eine faszinierende Wirkung auf Kunst, Literatur und Musik ausübt. Das ist aber nur der äußere Vorwand, um seinen Glasflügler im nahe gelegenen Pressburg, dem heutigen Bratislava in Slowenien, zu besuchen. Ihre Warnung vor ihrem kranken Körper schlägt er in den Wind. Zu heftig, ja unbändig verlangt es ihn nach Entfesselung, nach Erhöhung seiner kreativen Kräfte. Und die verspricht er sich durch eine *chymische Veränderung* seiner Natur, die er mit der Übertragung der Syphilis von der Hetaera Esmeralda auf sich erreichen will (206). Eine Art alchemistische Erweiterung seiner Schaffenskraft also, ein erster Schritt hin zum späteren Teufelspakt.

Danach geht es dann für einige Jahre mit Unterbrechung nach Italien, nach Rom und Palestrina in der Nähe dieser Großstadt. Ein Ort in Latium, den Heinrich und Thomas Mann 1895 und 1897 länger besuchen. Thomas beginnt dort seine „Buddenbrooks“, und Heinrich lässt seine „Kleine Stadt“ dort spielen. Hier wird dann auch im Sommer 1912 der bereits beschriebene Teufelspakt mit erneuter Steigerung von Adrians Künstlertum bis ins Unermessliche besiegelt.

Adrian unterbricht seinen Italienaufenthalt 1910 und logiert in der Münchener Wohnung der Bremer Senatorin Rodde in der Rambergerstraße. Sein möbliertes Zimmer schmückt ein Stich von Giacomo Meyerbeer am

Klavier, dem romantischen Musikmogul schwelgender Opern um Mord, Todschlag und Wahnsinn, einem Komponisten, dem er damals schon nur den Rücken zukehren kann, wenn er arbeitet (260). Die Senatorswitwe Rodde erhofft sich in der Bohème-Stadt München ein lockereres, freieres Nachspiel ihres doch eher steifen patrizischen Bremer Lebens, Flirts und zweideutige Anekdoten sind durchaus willkommen. Ganz zum Leidwesen ihrer erwachsenen Töchter Ines und Clarissa, die diese erotisch-lüsterne Anfälligkeit ihrer Mutter brüsk ablehnen (261 f.). Sie können es einfach nicht ertragen, dass sie sich immer noch den Hof machen lässt und selbst auf Tändeleien mit dem Geiger Rudi Schwerdtfeger eingeht.

Der dionysische Charakter der Stadt München und ihr bei Wagner stehen gebliebener Musikgeschmack spiegeln sich nahtlos in dem literarisch-musikalischen Salon der Senatorin, deren Teilnehmer eher konservativ denken wie Baron Riedesel, der rückwärtsgewandte Generalintendant, dessen Adel in erster Linie für seine Berufung ausschlaggebend war, oder der Numismatiker Dr. Kranich. Progressiver scheinen nur die noch ganz jungen Gäste zu sein, die freilich noch um ihren künstlerischen Durchbruch kämpfen (264).

So wie die Schwestern Thomas Manns, die Schauspielerin Carla und die Bankiersfrau Julia, scheitern auch Ines und Clarissa. Beide sind Abziehbilder der Töchter von Julia Mann, der Brasilianerin. Die konservative Ines ist genauso unglücklich und sexuell frustriert in ihrem bürgerlichen Käfig wie die Bankiersfrau Julia, und Clarissa setzt sich als Schauspielerin so wenig durch wie Carla.

Nach einem weiteren italienischen Zwischenspiel, auf dem der Teufelspakt offiziell geschlossen wird, kehrt Adrian im Herbst 1912 nach München zurück und zieht 1913 auf Dauer nach Pfeiffering im Südwesten Münchens. Er bleibt dort lange Jahre bis zu seinem Zusammenbruch 1930. Serenus Zeitblom, sein Jugendfreund und Biograf, wohnt ab Ostern 1913 in seiner Nähe, er erhält eine Stelle als Gymnasiallehrer in Freising. Die Freundschaft kann fortgesetzt werden.

In Pfeiffering zieht Adrian in den Bauernhof der Familie Schweigestill, die ihm ein Schlafzimmer im ersten Stock und die im Erdgeschoss liegende ehrwürdige Abtsstube als Arbeitszimmer in ihrem schönen Gutshaus vermieten. Besonders erwähnenswert sind der bildschöne Bauernsalon, der sogenannte „Nikesaal“ des Hauses, mit seinem hohen Kreuzgewölbe und zahlreichen Fenstern sowie die sonnige große Küche. Modell für Pfeiffering ist Polling in der Nähe von Weinheim. Das ehemalige Klostergut der Benediktiner, später der Augustiner Chorherren ist mit seiner einzigartigen Kirche mit ihren frühbarocken Stuckaturen, dem Bibliothekssaal mit seinem Rokoko-Dekor und Deckengemälde, dem Prälatensaal sowie dem Gutshaus voll erhalten. Allerdings: in der Bibliothek befindet sich heute nur noch ein Bruchteil der ursprünglich 80.000 Bücher. Nach der Säkularisierung 1803 wurden etwa 20.000 Bände an die Münchener Hofbibliothek, die heutige Bayrische Staatsbibliothek, und 7000 an die Universitätsbibliothek nach Ingolstadt gegeben. Der Rest wurde zu Makulatur. Erst 1977 konnten 1274 Folianten aus dem Dublettenbestand der Münchener Staatsbibliothek nach Polling zurückgeholt werden. In der Bibliothek finden heute regelmäßig öffentliche Konzerte statt. Übrigens ab und zu auch in mehr privatem Kreis in dem Nikesaal, zum Beispiel wurde die Geständnisszene Adrians aus dem Jahre 1930 dort ‚nachgespielt'. Im Gegensatz zu dem Original kam es aber nach dem Bekenntnis doch noch zur Aufführung der entsprechenden Klavierstücke aus der „Weheklag". Zusätzlich erinnerte ein literarisch-musikalisches Programm an ‚70 Jahre Doktor Faustus'. Dass das ganze Erdgeschoss dieses historisch-literarischen Hauses heute von Kollegen des Goethe-Instituts bewohnt wird, erhöht den Reiz und macht den Zugang einfacher. Der Pollinger „Doktor Faustus-Weg" führt den Literatur-Wanderer seit 2007 durch sämtliche Örtlichkeiten Pollings/Pfeifferings: vom Kirchplatz über das Gutshaus der Schweigestills, das Wohnhaus der Mutter Julia Mann, den Klammerweiher und wieder zurück zum Ausgangspunkt. Ein „Muss", wenn man an die traumhafte Lage Pollings im Alpenvorland mit Blick auf die Bergkulisse denkt.

Im Jahr 1923 stört Saul Fitelberg, der für seine Aufführungen zeitgenössischer Musik bekannte Kulturmanager aus Paris, den Pfeifferinger Arbeitsfrieden: ganz wie Goethes Mephisto den von Krisen geschüttelten Faust mit seinem Zaubermantel in die Welt entführt, will Fitelberg Adrian zu Konzerten in die großen Metropolen einladen, nach Paris, Brüssel, Venedig oder Kopenhagen. Eine Verlockung? Nicht für Adrian, der höflich, aber bestimmt ablehnt.

Die nächste Erschütterung geht tiefer: Adrian lernt 1925 Mademoiselle Marie Godeau in München kennen, Kostüm- und Bühnenbildnerin aus der französischen Schweiz, mit wunderschönen schwarzen Brombeeraugen und mit einer himmlischen musikalischen Stimme. Sie zieht ihn so stark an, dass er für sie und einige Bekannte und Freunde einen langen Winterausflug zu dem Rokokoschlösschen Linderhof des Märchenkönigs Ludwig II, den der Geiger Schwerdtfeger nicht unwidersprochen für *knallverrückt* (571) hält, organisiert. Danach steht für ihn fest: Diese Frau will er heiraten, sie wird ihm und seinem Werk gut tun. Sein Freund Rudi Schwerdtfeger soll für ihn vermitteln und um ihr Einverständnis bitten. Der aber ist schon längst selbst in sie verliebt und schnappt sie Adrian weg, der auf diese Weise zwei Menschen verliert, den Freund und die ersehnte Geliebte. Marie und Rudi wollen in Paris heiraten. Doch dazu kommt es nicht mehr: direkt nach seinem Münchner Abschiedskonzert wird Rudi erschossen, von Ines Institoris, seiner ehemaligen Geliebten, die er abgeschüttelt hatte.

Dann folgt eine wunderbare, fast märchenhafte Aufhellung: das liebliche Elfenprinzchen *Echo*, der fünfjährige Nepomuk Schneidewein, der verführerisch schöne, zauberhafte Sohn von Adrians Schwester, kommt für einen mehrmonatigen Besuch nach Pfeiffering, weil sich seine Mutter in einem Sanatorium auskurieren muss (610). Seine klaren blauen *Augensterne* (613) erinnern an Goethes Himmelskönigin vor ihrem uns anziehenden blauen Himmelszelt. Eine magnetische Kraft, die auch von *Echo* ausgeht und besonders auf Adrian wirkt. „Lesend liebt man ihn", fasst Frido Mann seine Lektüre der vierzehn Druckseiten über sein literarisches Alter Ego treffend zusammen[4]. Und dann das grausame Ende dieses *Wundermannes* (616), unter dem auch Frido Mann noch Jahrzehnte nach Entdeckung seines „literarischen Todes" leidet[5]: Nepomuk stirbt unter Höllenqualen an Meningitis. Unvorstellbar ja, aber nicht unvorhersehbar, denn Adrians Zuneigung verletzt die Grundbedingung seines Teufelspaktes, das Liebesverbot. In tiefster Qual verinnerlicht Adrian, dass das Menschliche auf Erden keine Chance hat. Ihm bleibt keine Wahl: er will, er muss Beethovens Neunte Symphonie an die Freude zurücknehmen. Und das gelingt ihm besonders mühelos mit seinem letzten Werk, der „Weheklag", einem Notschrei, der der Neunten Symphonie des Jubels diametral gegenübersteht und keinen Trost zulässt.

Der Versuch, Teile dieses Werks im Mai 1930 seinen Freunden mit einem Klaviervortrag im Nikesaal vorzuspielen, scheitert an seinem vorher abgelegten Geständnis des Teufelspakts und seiner Schuld, einer Beichte, die zu seinem Zusammenbruch und zu seiner Ohnmacht führt. Nach zwölfstündiger Bewusstlosigkeit ist seine Persönlichkeit zerstört, er ist nur noch der Schatten seiner selbst, erkennt selbst seinen Freund Serenus nicht mehr.

Nach einem gescheiterten Selbstmordversuch im Klammerweiher nimmt seine Mutter den Schwerkranken zurück an den Ort seiner Kindheit. Hier stirbt er, ohne sich selbst wiederzufinden, erst im August 1940. Von Erlösung wahrlich keine Spur!

Wie konnte es zu dieser „Weheklag" kommen, die der Neunten ins Gesicht schlägt, wie verläuft die musikalische Entwicklung Adrian Leverkühns?

Die liebliche wohllautende Stimme seiner Mutter Elsbeth, ihre sensible Musikalität legt ganz sicher den Grundstein bei Adrian, darüber ist sich Serenus Zeitblom ganz sicher (34), auch wenn Elsbeth nur selten und rudimentär Guitarre spielt und die Lieder dazu nur summt. Das gemeinsame Kanonsingen mit der Stall-Magd rückt ihn dann näher an die Musik (46). Und trotzdem: die herrliche Instrumentensammlung in dem Haus seines Onkels, die auf Serenus eine magische Wirkung auslöst, lässt Adrian zunächst eher kalt. Für seinen Biografen versteckt er sich noch vor der Musik und seinem Schicksal, das er vielleicht schon erahnt (62). Wie soll man sonst seine Auffassung verstehen, dass er die Musik für zweideutig hält (66)? Und davor muss man sich hüten.

Der blutjunge Deutschamerikaner Wendelin Kretzschmar, engagierter Organist, Kapellmeister und Opernkomponist, überflutet ihn dann in seinen Kaisersaschernen Musik-Vorträgen und bei seinem Klavierunterricht, den er Adrian erteilt, mit musikalischem Erleben (103, 109). Dabei wird ihm die *Stallwärme* der Musik ganz deutlich, eine *Kuhwärme*, die *gesetzliche Abkühlung* benötige (94). Seine damalige Leidenschaft, ständig, musikalische Fragen wie Schachaufgaben zu lösen (100), geht sicher in diese Richtung. Erste Vorausdeutungen auf seine Entwicklung in Richtung Zwölftonmusik! Die Einzigen? Nein, auch die Auffassung Wendelins, Gesundheit stehe sozusagen im Gegensatz zu Geist und Kunst (98), deutet bereits auf die Pressburger Bordellszene hin, seine bewusste Inkaufnahme der Ansteckung durch Hetaera Esmeralda, um seine Schaffenskraft zu fördern.

Dass Adrian bei dieser Auffassung, Kunst solle nicht ‚auf Du' mit den Menschen stehen (429), solle sie nicht zu sehr wärmen, auf keinen Fall *Instrumental-Gaukler* oder *Frack-Primadonna* (177) werden will, sondern bestenfalls Komponist, versteht sich fast von selbst. Ein Leben als Pianist oder Dirigent wäre einfach zu mollig warm, um in Adrians Bild zu bleiben. Kunst soll nach Adrian *Erkenntnis* werden und aufhören, *Schein und Spiel* zu sein (242).

Wendelin ist von Adrians Bestimmung für die Musik, von seiner Berufung zum Komponisten restlos überzeugt, zählt ihn zu den Eingeweihten und eben nicht zu den Außenstehenden, die nur an der Musik naschen, nur in ihr schwelgen können (171). Mit dem Wechsel Adrians von Halle nach Leipzig ist es dann soweit: er widmet sich ganz dem Studium der Musik. Zunächst der traditionellen klassischen, denn er ist sich bewusst, dass man sich diese *Tongemälde* (202) als Basis aneignen muss, auch wenn er sie für längst überholt hält. Entsprechende eigene kompositorische Fingerübungen lässt er von Wendelin korrigieren. Dabei wird ihm immer klarer, dass das harmonisch geschlossene und dem Publikum bequeme Werk nicht mehr der Zerrissenheit und Harmonielosigkeit unserer Zeit entspricht, dass es zur Lüge wird (241).

Adrians Oper „Love's Labour's Lost" ist dann mit seinen freien, atonalen und aufrührerischen Teilen ein erstes Beispiel für seine neue Kompositionstechnik. Ein Werk, das bei seiner Aufführung in Lübeck kurz nach Beginn des Ersten Weltkriegs glatt durchfällt, bei einem Publikum, das reihenweise das Theater verlässt und bei den Kritikern, die es als *dezimierende Musik* abkanzeln (349).

Einer der beiden Höhepunkte in Adrians Werk wird dann 1919 mit seinem Oratorium „Apocalipsis cum figuris" erreicht, einer Huldigung an Dürers gleichnamigen Offenbarungszyklus aus dem Jahre 1498 (475). Die „vier apokalyptischen Reiter" sind sicher der bekannteste Holzschnitt aus Dürers Serie von fünfzehn Arbeiten. Der dritte dominierende Reiter auf schwarzem Pferd hält eine Waage in der Hand und symbolisiert Teuerung und Hungersnot. Zwei weitere versinnbildlichen Krieg und Tod, nur der erste scheint mit seinem weißen Pferd und der Krone, die er erhält, eine positive Figur zu sein. Nein, der Tod ist hier kein Skelett, sondern ein abgezehrter alter Mann mit starrem Blick auf einem Klepper. Diesem Scheintoten folgt die Hölle als personifiziertes Ungeheuer mit aufgerissenem Rachen, das gnadenlos alle Menschen verschlingt, egal aus welcher gesellschaftlichen Schicht sie stammen, ob Bischof oder Bürger. Originale der Ausgabe von 1498 finden sich noch in den USA, im British Museum London, im Nürnberger Dürer-Haus, in der Kunsthalle Karlsruhe und in der Graphischen Sammlung München. Sicherlich ist Adrians apokalyptisches Oratorium auch von Dantes „Divina Commedia" beeinflusst, dieser Jenseitsreise vom Inferno bis zu himmlischen Sphären (476). Ein

Werk, das durch alle Jahrhunderte illustriert, vertont und später auch verfilmt wurde.

Das Oratorium wird damit eine *Höllenfahrt* (476), eine Zusammenfassung aller Verkündigungen des Finale, des Weltenendes. Über dem Werk schwebt der Geist von Kaisersaschern (501). Nicht nur das *Tier im Menschen* (496) wird aufgedeckt, sondern auch die richtende Straftheologie der Kirche (500). Keine Spur von Goethes Allversöhnung. Bereits eine Vorausdeutung, dass Adrian nicht erlöst werden kann?

Ob es widersprechend und absurd ist, dass in dem ganzen Oratorium die Dissonanz das Erhabene, Ernsthafte, Fromme ausdrückt, das Tonale und Harmonische aber die Hölle wiedergibt, darüber ist sich Serenus Zeitblohm nicht klar (498). Wirklich ein Paradoxon? Eher nein, denn könnte es nicht sein, dass damit die Verkehrtheit der Welt ausgedrückt werden soll, der das Gute durch die Dissonanzen versperrt ist und die allzu schnell auf die verführerische Hölle reinfällt, die so melodisch daherkommt.

Bei der ersten und letzten Aufführung 1926 in Frankfurt wird Adrians „Apocalipsis" gnadenlos kritisiert und als Verhöhnung der Musik, ja als *musikalisches Verbrechertum* diffamiert (515). Und das ganz in Übereinstimmung mit der rückwärtsgewandten romantisch-wagnerischen Stimmung, die besonders in München herrscht.

Eins steht fest: schon dieses Oratorium lässt keinerlei Trost, Aussöhnung oder Rausch zu, Beethovens Neunte wird schon hier zurückgewiesen und Dantes Paradies findet im Gegensatz zu seinem Inferno keinen Raum.

Ebenso wenig wie in Adrians „Weheklag", seinem zweiten Höhepunkt, einem gigantischen Notschrei, der die Neunte Symphonie der Freude Beethovens endgültig außer Kraft setzt. Die kurzen Zweifel Serenus Zeitbloms, ob das hohe g des Cellos ganz am Ende der Kantate nicht doch *Licht in der Nacht* symbolisiere und damit Hoffnung, auch auf Adrians Erlösung, die werden wenig später mit Zeitbloms banger und nur mit Nein zu beantwortender Frage weggefegt, ob ein *Wunder, das über den Glauben geht, das Licht der Hoffnung* tragen könne[6]. Wie denn auch, wenn diese Kantate Serenus Zeitblohm an Gottes Klage über den Verlust seiner Welt erinnert (650) und wenn Adrian Leverkühn 1930 bei dem Versuch, einzelne Partien seinen Freunden und Bekannten im Nikesaal des Schweigestill-Hofes vorzustellen, kläglich scheitert und ohnmächtig zusammensinkt – mit anschließender Auflösung seiner Persönlichkeit.

Webt an dem zeitgeschichtlichen Netz, vor dem Adrians Leben und musikalische Entwicklung ablaufen, eine verantwortliche Spinne? Kann Serenus Zeitblom eine Erklärung für das furchtbare Lamento der „Weheklag“, für den Zusammenbruch und den Verfall Adrians und für die deutsche Höllenfahrt in den Holocaust und die Niederlage geben?

Bei Abschluss des „Doktor Faustus“ im Jahre 1947 hat Deutschland für Serenus Zeitblom die totale Niederlage und nach Aufbrechen des deutschen Kerkers und Aufdecken des Holocausts die deutsche Schmach und Schuld noch nicht begriffen, geschweige denn bereut. Im Gegenteil: viele Nazi-Größen verabschieden sich durch Selbstmord und die meisten Deutschen haben angeblich nichts gewusst, obwohl der Wind den *Stank verbrannten Menschenfleisches* aus den Krematorien bis zu ihnen trug (637). Und wollen lange Zeit immer noch nichts von den Verbrechen hören, auch wenn sie von den Siegern für mitschuldig erklärt (637) und selbst wenn sie von den Alliierten vor die Leichenberge gerade befreiter Lager geführt werden (637). Dass jetzt Zahltag ist, dass Deutschland für seine Schandtaten die Quittung bekommen muss, das ist für Zeitblom dagegen selbstverständlich. Die große Schuld muss beglichen werden ganz nach der Devise: *wer da Wind säet, Sturm ernten wird* (50).

Was steckt nach Serenus Zeiblom hinter dieser völlig verfahrenen Situation? Einmal die heroische Hochstimmung, die der Kriegsausbruch 1914 in Deutschland auslöst, ganz im Gegenteil zu anderen Ländern, die darin eine Katastrophe, ein *grand malheur* (398) sehen. Die Deutschen sind damals eben blind davon überzeugt, dass sie jetzt dran sind, dass sie einen Führungsauftrag haben und dass die Stunde für ihren Weltmachtanspruch gekommen ist. Wann, wenn nicht jetzt? Ein Hingerissensein, das sich nicht wegen, sondern trotz Wilhelm II einstellt, diesem unsoldatischen *Komödianten* auf dem Kaiserthron (400), der nach Serenus für alles besser als für den Krieg geeignet ist. Die These von Christopher Clark, Deutschland sei in den Ersten Weltkrieg so reingeschliddert[7], eine Annahme, die Julia Mann in einem Brief an ihren Ältesten, Heinrich, teilt und ihm vorwirft, unberechtigterweise Deutschland die Kriegsschuld zu geben[8], hätte Serenus bestimmt nicht geteilt. Er hätte sich eher auf die Seite des Historikers Fritz Fischer geschlagen, der vor allem den Deutschen die Schuld an dem Ersten Weltkrieg gibt[9].

Der Niederlage folgt ein starker Werteverfall: *Wahrheit*, *Freiheit*, *Recht*, *Vernunft* (489) treten weitgehend in den Hintergrund oder schlimmer: sie werden mit autoritärer Gewalt und Faschismus verknüpft, die natürlich übergeordnet sind. Für Zeitblom eine Rückversetzung in das theokratische Mittelalter (489). Ganz passend zu dem damals noch herrschenden Geist von Kaisersaschern und später zu der „Inneren Emigration". Einer ihrer typischen Vertreter ist der zurückgezogen in Pfeiffering lebende Adrian. Damit wird verständlich, dass die Weimarer Republik nicht ernst genommen wird, dass alles auf Diktatur hinausläuft (485). Wenn selbst Zeitblom, der ja kein NS-Anhänger, bestenfalls ein Mitläufer ist, für Momente eine gewisse Freude über einen deutschen U-Boot-Sieg empfindet, bei dem zwölf Schiffe versenkt werden und hunderte Menschen ertrinken, wenn auch er sich für kurze Zeit wie ein Nazi verhält, dann musste es ja zur NS-Alleinherrschaft kommen (229). Dass darunter ein brasilianischer Passagierdampfer ist, lässt an die Torpedierung brasilianischer Schiffe durch ein deutsches U-Boot im August 1942 denken, eine Versenkung im Atlantik mit vielen Toten, die zum Kriegseintritt Brasiliens führt. Der später als Schriftsteller und Übersetzer lateinamerikanischer Literatur bekannt gewordene Curt Meyer-Clason gehörte damals zu den Nazi-Spionen, die von Brasilien aus die Deutschen mit den Schiffspositionen der Alliierten im Atlantik versorgten. Er wurde 1942 zu zwanzig Jahren Zuchthaus in Brasilien verurteilt, aber nach dem Zweiten Weltkrieg frühzeitig entlassen[10].

Noch reichen die skizzierten Erklärungen Zeitbloms für die Höllenfahrt Deutschlands, für sein Abgleiten in die NS-Verbrechen nicht aus. Eine überzeugende für alles verantwortliche „Spinne" im zeitgeschichtlichen Netz ist noch nicht identifiziert. Ob Deutschland jemals wieder im Konzert der Demokratien mitspielen, ob es sich aus seinem Ghetto der Schuld befreien und damit, ob es erlöst werden kann, das lässt Serenus bei Abschluss seiner Biografie 1947 auch offen.

Sehen wir uns die Entwicklungsphasen Adrian Leverkühns noch einmal genauer an, um weitere Argumente für Deutschlands Abgleiten in die Katastrophe zu finden:

Im Rahmen der geschilderten drei Stränge, dem Bildungsgang Adrians, seiner musikalischen Entwicklung und der dahinter liegenden Zeitgeschichte lassen sich bei diesem Komponisten fünf zentrale Entwicklungs-Phasen unterscheiden:

1. seine ersten ihn unerfüllt lassenden Jahre als **tonaler Komponist** in der Folge von Richard Wagner, Richard Strauss und Hans Pfitzner und dem Seelenzauber, der von ihrer Musik ausgeht,
2. der **Teufelspakt** mit seiner verlockenden Grenzüberschreitung zum Genialen und der damit möglich scheinenden Überwindung der herrschenden steril-eingefrorenen Kompositionstechnik,
3. seine Schaffung der **Zwölftonmusik** und der **Suprematie** über die traditionelle Tonkunst,
4. sein **Höllensturz** bzw. sein **Zwölftoninfarkt** und
5. die ihm **verweigerte Erlösung**

Diese Phasierung spiegelt auch die Entwicklung Deutschlands vom ausgehenden 19. Jahrhundert bis zum Ende des Zweiten Weltkriegs wieder. Eine Parallelisierung des Lebens Adrian Leverkühns und der deutschen Geschichte, eine doppelte Inhaltsebene, die Thomas Mann durch Einschaltung seines Narrators Zeitblom einziehen kann: ihm gelingt so, die Erlebnisse Zeitbloms der Erzählzeit mit denen der erzählten Zeit zu verbinden[11]. Thomas Mann hat seinen Roman daher mit Recht als *Roman der Musik* und als *Roman Deutschlands* bezeichnet[12].

Die Deutschland-Phasen des Romans entsprechen damit der Abfolge von Leverkühns Leben:

1. das nach Weltmacht strebende **ausgehende Kaiserreich** und die fragile sich selbst nicht ernst nehmende **Weimarer Republik** mit ihrem Werteverfall,
2. der **Teufelspakt mit den Nationalsozialisten,**
3. das Aufrücken zur **faschistischen Großmacht,** die Umwandlung der musikalischen Suprematie in politische Hegemonie,
4. der **Höllensturz** in die Verbrechen und die Niederlage des Zweiten Weltkriegs und
5. die **verweigerte Erlösung** für die erste Nachkriegszeit

Beleuchten wir Adrians Weg vom seiner Zeit angepassten tonalen Komponisten bis zu seinem Zwölftoninfarkt noch etwas genauer und suchen dabei nach weiteren Erklärungen für Deutschlands Absturz.

Das München der späten Regentschaft vier Jahre vor dem Ersten Weltkrieg, das ist laut dem „Doktor Faustus“ eine dörfliche Stadt voller Gemütlichkeit an der Grenze zur Gemütskrankheit, ein Ort voller Bequemlichkeit mit lockeren Sitten und einer behaglichen Bohème. Aber vor allem ein Bollwerk gegen die Moderne (260 ff.). Ihre musikalisch-literarischen Salons sind durch stehen gebliebene Wagnerei, durch die Sehnsucht nach dem Schönklang, dem ununterbrochenen harmonischen Klanggewebe charakterisiert. Der Papierfabrikant Bullinger spielt in seinem Salon in der Münchner Widmeyerstraße Schallplattenmusik auf: leichtfertige Kost, die er am Beispiel von Saint-Saens als *blödsinnig schön* bezeichnet. Aber gleichzeitig auch auf schwer zu definierende Weise als minderwertig empfindet, als zu elegant, als zu salonmäßig. Alles scheint durch die musikgeschichtliche Überlieferung geformt, verhärtet, verkrustet und eingefroren, hat aber den Geschmack des Publikums geprägt. *So geht es zu, wenn es schön ist*, bringt es Adrian Leverkühn für die Hörer auf den Punkt. Recht hat er, zumindest wenn man Goethe folgt, der in der Musik seiner Zeit *die so allgemeine Tendenz nach den Molltönen registriert*[13], die wie die Blautöne überwiegend *zu einer weichen und sehnenden Empfindung stimmen*[14]. Blau ist auch heute noch mit Abstand die beliebteste Farbe und steht zumindest in Europa vor allem für Harmonie, Ruhe, Beständigkeit und Frieden. Eine Farbe, die selbst in der Migräne-Therapie eingesetzt wird[15]. Diese „blauen Moll-Töne“ lösen also angenehme körperliche Reaktionen hervor, die wohl genetisch in unser Nervensystem eingebaut sind[16].

Wie stark die emotionalen Wirkungen, zu denen die Hörer angesteckt werden, ausfallen können, zeigt Goethe am Beispiel von Walzern, einer Musik, die *sämtliche Jugend zu bacchischem Wahnsinn hinreißt*[17]. Noch stärker reagiert Ludwig II in seinem Dankesbrief an Richard Wagner auf die Uraufführung von „Tristan und Isolde“ im Juni 1865: *Wie wonnevoll! – Vollkommen. So angegriffen von Entzücken! – Ertrinken, versinken – unbewusst – höchste Lust. – Göttliches Werk!*[17]

Wirkung hin oder her: Zeitblom und Leverkühn bleiben dabei, dass *eine Kunst, die ins Volk geht, ... die der kleine Mann versteht, ... schlimmstes Banausentum und der Mord des Geistes* ist (429). Bestes Beispiel dafür ist der Salon der Senatorin Rodde in der Rambergerstraße mit Rudi Schwerdtfegers leichtem Violinspiel, einer „Apotheose der Salonmusik“[18], und – Nomen est Omen – dem geschätzten Gast Baron Riedesel, dem Theater-Intendanten.

Genau das muss überwunden werden, um Stagnation und Sterilität zu umgehen, um die Musik auf die dissonante Welt zu beziehen, davon ist Adrian Leverkühn überzeugt.

Seine erste musikalische Heimat in der Tradition der Dreiklangwelt Wagners muss Leverkühn damit verlassen. An seine symphonische Phantasie „Meerleuchten", sein klangfunkelndes Gesellenstück ganz in der klassischen Nachfolge, daran glaubt er längst nicht mehr. Diese Musik hat für ihn einfach zu viel Wärme (94). Seine kommende Musik soll sich unerbittlich und radikal gegen das Abgeschmackte, gegen das dem Publikum Bequeme richten und auf billige Wirkungsmittel wie die Pauke oder Harfentöne verzichten, eine radikale Abwendung von Richard Wagner und zum Teil auch von Straussens „Salome" und der sich bei beiden Komponisten zeigenden Krise der modernen Musik[19]. Es soll Schluss sein mit Zugeständnissen und mit dem Schein und Spiel der Musik. Erkenntnis, die soll sie werden (242). Auch um den Preis, das Publikum zu überfordern und zu vergraulen, wie es bei seiner Lübecker Vertonung von Shakespeares Komödie „Love's Labour's Lost" passiert ist. Bei diesem Übergang zu neuen Kompositionstechniken hat ihm aber teilweise auch Strauss' „Salome" geholfen, die ja neben dem Schönklang mit ihren Dissonanzen und ihrer Bitonalität das Tor zur Neuen Musik mit aufgestoßen hat.

Und natürlich der Teufelspakt! Den ersten Schritt hin zu diesem Bündnis macht Adrian mit seinem Abstecher nach Pressburg und seiner bewusst in Kauf genommenen Infizierung mit Syphilis bei Hetaera Esmeralda, die Krankheit soll seine Schaffenskraft steigern, den ersehnten Genialitätsschub bringen, ganz im Sinne Nietzsches, der an die Förderung der Kreativität durch Krankheit glaubt.

Adrian besucht damals im Mai 1906 die skandalumwitterte Oper „Salome" von Richard Strauss in Graz. Und bei dieser Aufführung ist nicht nur mit Gustav Mahler, Anton Schönberg, Alban Berg oder Giacomo Puccini die große Musikwelt anwesend, sondern auch kein geringerer als der siebzehnjährige Adolf Hitler, ein Mann, der später seine barbarischen Vorstellungen nicht in Töne, sondern in endlose Verbrechen umsetzt. Diese Teilnahme Hitlers beschreibt der „Doktor Faustus" zwar nicht, zeigen aber die vorliegenden Quellen[20]. Für den, der um diese Ereignisse in Graz weiß, wohl eine klare Vorausdeutung auf den Teufelspakt als vorgezogenen Suizid und auf den Absturz Deutschlands in seine Schandtaten. Dass Adrian durch seine Schaffenskrise in den Teufelspakt getrieben wird, lässt an die Verzweiflung der Millionen von Arbeitslosen nach der Weltwirtschaftskrise 1929 denken, die sich in die Arme der Nazis werfen.

Mit dem Teufelsabkommen geht es dann Schlag auf Schlag künstlerisch aufwärts: Adrian gelingt es, seine beiden bahnbrechenden Großwerke „Apocalipsis cum figuris“ und „Dr. Fausti Weheklag“ zu schaffen, Stücke, die den desolaten Zustand der Welt, ihre Verkehrtheit klanglich abbilden können, denen eine „anti-humane Dämonie“ abzuhören ist[21]. Ein Oratorium und eine Kantate, die vom Publikum und der Kritik diffamiert werden, eine Ablehnung, die Adrians große Vereinsamung verstärkt. Dass Alleinsein leicht Störungen und Depressionen hervorruft, ist genetisch programmiert[22] und zeigt sich besonders drastisch bei den Aborigines Australiens, für die die schlimmste Strafe der Gemeinschaftsausschluss ist[23]. Bereits Aristoteles ist davon überzeugt, dass man ohne Freunde nicht leben kann, auch dann nicht, wenn man alles andere besitzt[24].

Dass Leverkühn keinesfalls Solo-Pianist oder Orchester-Dirigent werden, sondern Komponist bleiben will, passt nahtlos zu seinem neuen innovativen Kompositions-Ansatz. So wie Adrian muss auch Thomas Mann für seine Faust-Idee seine eigentliche Musikheimat eines Strauss, Pfitzners oder Wagners verlassen, der für ihn lange Zeit ganz im Gegenteil zu dem reaktionären Bayreuth sein „Meister und nordischer Gott“ war[25].

Adrian erwartet von seiner musikalischen Neukonzeption, die erst der Teufelspakt möglich macht, eine welterobernde Revolution der musikalischen Sprache. Genauso wie Schönberg, der mit seiner Zwölftonmusik die Vormachtstellung der deutschen Musik für hundert Jahre gesichert sieht[26]. Diesen Anspruch auf musikalische und kulturelle Suprematie vertreten auch die Nationalsozialisten, stützen sich dabei aber auf ihr umjubeltes Flaggschiff Wagner mit seinem rauschhaften Seelenzauber. Die alte Sünde der „superbia“ findet sich wie in dem Faustbuch von 1587 in beiden Lagern, bei Adrian und bei den Nazis[27]. Ein kollektiver Hochmut, der, von Hitler und Houston Stewart Chamberlain befeuert, das nationale Band verstärkt und schnell in faustischem Ehrgeiz mit der musikalischen die politische Hegemonie fordert, die Musik politisch instrumentalisiert. Das politische Hegemoniestreben wird damit von der deutschen Musik inspiriert, in beiden skizzierten musikalischen Schulen, bei der nationalistisch-wagnerisch-romantischen Reaktion genauso wie bei der ‚Neuen Musik‘

Leverkühn-Schönbergs. Der Weg in den Antihumanismus wird damit nicht trotz, sondern wegen der deutschen (Musik-)Kultur gegangen[28]. Ein zusätzlich wichtiges Argument zu den bereits genannten, die zusammen den Weg in die Barbarei plausibel begründen. Die verantwortliche ‚Spinne' im zeitgeschichtlichen Netz hat jetzt einen Namen. Er lautet ‚nationaler Hochmut', der aus der angemaßten Musiksuprematie die politische Hegemonie macht.

Der Griff nach der Weltmacht, zumindest aber nach einem deutschen Europa und in den Faschismus ist dann nicht mehr weit einschließlich der Ausgrenzung und Unterdrückung der als minderwertig angesehenen „Rassen“[29]. Ein Mechanismus, den der Pariser Musikmanager Fitelberg wiederum in der Fiktion des „Doktor Faustus“ bei seinem Besuch in Pfeiffering andeutet und damit voraussagt, der deutsche nationalistische hochmütige Größenwahn werde Deutschland ins Unglück stürzen, in ein *wahrhaft jüdisches Unglück*. Da ist er sich ganz sicher (542). Eine Prophezeiung, die sich bereits mit der Hitlerteilnahme an der „Salome“ in Graz ankündigt.

Der spätere Zusammenbruch Adrians kurz vor seiner Piano-Vorstellung einzelner Teile seiner „Weheklag“ kann nicht besser als mit dem „Zwölftoninfarkt“, den das berühmte Streichtrio op 45 von Arnold Schönberg aus dem Jahre 1946 abbildet, bezeichnet werden. Nach Thomas Mann ist es die Dokumentation, der Krankheitsbericht, des eigenen Herzinfarkts von Arnold Schönberg und seiner Rettung durch eine Spritze direkt ins Herz, das habe ihm der Komponist selbst versichert. Die Todesangst sei dabei besonders attackierend und gellend vertont[30]. Eine Errettung, die allerdings bei Adrian Leverkühn ausbleibt.

Dass die furchtbare Höllenfahrt Deutschlands Adrians Zwölftoninfarkt entspricht, das zeigt der „Doktor Faustus“ mehr als drastisch in einer fünffachen Spiegelung: zunächst und vor allem in Adrians Oratorium und in seiner Kantate, die sich wiederum auf Dürers „Apocalipsis“, auf Dantes „Inferno“ und auf Michelangelos Visualisierungen stützen. Schon diese beiden apokalyptischen Musikstücke weisen als ‚Neunte der Inhumanität', die keine Hoffnung lässt, Goethes Faust und Beethovens Neunte der Freude zurück. Natürlich auch die wunderbare Choreografie Maurice Béjarts über die Neunte aus dem Jahre 2015 mit dem Tokyo-Ballett und dem Israel Philharmonic Orchestra unter Zubin Mehta. Der epische Faust Thomas Manns widerlegt den dramatischen Goethes natürlich vor allem auch wegen der ihm verweigerten Erlösung, die für die ersten Nachkriegsjahre auch für Deutschland gilt. Er ist nicht Nachfolger, sondern Gegenspieler von Goethes Faust.

Konkret führt Deutschlands Absturz zu unvorstellbaren Grausamkeiten und Verwüstungen. Thomas Mann erwähnt in seiner „Entstehung des Doktor Faustus“ besonders den Holocaust, der sich auf die „Volk ohne Raum Ideologie“ und die Wannseekonferenz stützt[31]. Serenus Zeitblom schildert als Beispiel die apokalyptische Zerstörung Münchens und die große Ernüchterung, totale Verzweiflung und vollkommene Ratlosigkeit der Bevölkerung (599). *Es ist zu toll, sogar für meinesgleichen*, legt Dosio Koffler in seiner Faustparodie „Die deutsche Walpurgisnacht“ seinem Mephisto in den Mund[32], als Goethe, Schiller und Nietzsche unter Mephistos Führung das Dritte Reich besichtigen, eine Beurteilung, die er sicher auch für das Deutschland nach seiner flammenden Niederlage 1945 gebraucht hätte.

Das deutsche Europa ist krachend gescheitert und die Deutschen haben sich für Zeitblom nach Öffnung ihrer *dickwandigen Folterkeller* (638) vor der Welt disqualifiziert, sind ihr vollständig *unerträglich* geworden (449). Ob Deutschland überhaupt noch im Kreis der Demokratien den Mund aufmachen dürfe, das fragt er sich verzweifelt. Und: wie werde es sein, wenn man sich nirgendwo mehr zeigen könne, wenn man im Ghetto bleiben müsse (638)?

Thomas Mann kann diesem Deutschland nur noch die Entindustrialisierung und Reduzierung seiner Bevölkerung durch Auswanderung auf vierzig Millionen Einwohner wünschen[33]. Und Hermann Göring kann er in seiner „Entstehung“ nur noch als *jovialen Mordwanst*, der aber immerhin im Gegensatz zu seinem Führer das Leben genossen habe, verabschieden. Hitler dagegen habe ständig in der Hölle gelebt[34].

So wie für Adrian Leverkühn muss auch für Deutschland Zeitbloms Frage verneint werden, ob aus dieser Aussichtslosigkeit ein Wunder *das Licht der Hoffnung* bringen könne, eine Erlösung ist auch für Deutschland für die ersten Nachkriegsjahre ausgeschlossen. Vor allem auch, wenn man das deprimierende Verhalten der Siegermächte mitberücksichtigt, die Hiroshima und Nagasaki auslöschen, eine Bombardierung, die Thomas Mann für unnötig hält[35], oder wenn man wie er daran denkt, dass sie keinen Friedensplan entwickelt haben[36]. Ganz besonders aber, wenn man den „Doktor Faustus“ als versteckte Kollektivschuldthese liest und nicht vergisst, dass Thomas Mann sich mitschuldig fühlt[37]. Da muss vor einer Erlösung zumindest eine ausreichende Zeit im Fegefeuer abgeleistet werden.

Und wie reagiert Nachkriegs-Deutschland auf den Autor des „Doktor Faustus"? Denkbar schlecht: Thomas Mann erhält vor seiner Deutschlandreise 1949 nach Frankfurt und Weimar nicht nur zahlreiche Morddrohungen, sondern die damalige FDP distanziert sich bereits wenige Wochen nach Kriegsende drastisch von dem Emigranten: außer der deutschen Sprache habe man nichts gemeinsam und man spreche einem, der während der NS-Zeit draußen war, „das Recht ab, über die politische Entwicklung in Deutschland zu urteilen"[38] Die CDU tauft 1949 in Marktredwitz die Thomas-Mann-Straße in Goethe-Straße um, und die FAZ setzt 1950 noch eins drauf: der Mann-Clan sei eine „Giftzisterne", tröstlich sei nur, dass er immer kleiner werde[39]. Eine Anspielung auf den Freitod von Klaus Mann im Mai 1949 und auf den Tod seines Onkels Heinrich Mann im März 1950.

Erst Jahre später tritt das Wunder für Deutschland ein: ihm wird wieder eine Mitarbeit erlaubt und es darf ein europäisches Deutschland schaffen, eine Chance, die für Adrian wegfällt, weil er ja bereits im Roman im Jahre 1940 stirbt. Woran liegt die Rehabilitierung Deutschlands? Sicher an der in den Augen des Westens notwenigen deutschen Wiederaufrüstung, das sieht Thomas Mann in seiner „Entstehung" klar[40], aber auch daran, dass es nur ein Deutschland gibt und nicht ein gutes und ein böses, dass die Grundlage für einen Wandel mit dieser Ambivalenz vorhanden ist[41]. Fragt sich nur für wie lange?

Dass auch Thomas Mann später in seinem Werk auf den Erlösungskurs einschwenkt, zeigt er in seinem Roman „Der Erwählte", der zwischen Januar 1948 und Oktober 1950 entsteht und mit dem Papst Gregor sogar nachträglich Adrian Leverkühn die Absolution erteile, meint treffend Detering[42]. Und bei der Vorstellung der französischen Version des „Doktor Faustus" 1950 in Paris weist sein Autor ausdrücklich auf die europäische Dimension des Buches hin, die trotz deutscher Einfärbung sichtbar sei[43], vielleicht auch ein Hinweis auf ein europäisches und damit erlöstes Deutschland. Interessant sicher auch, dass der „Tod in Venedig" (1911) ursprünglich „Goethe in Marienbad" heißen sollte und dass es hier auch um einige der Stationen von Goethes Faust einschließlich der Erlösung geht: die Reise, die Verjüngung, die Verblendung und zum Schluss die Erlösung, die von Tadzio angedeutet wird, als er Aschenbach anlächelt, ihm zuwinkt und auf das Meer hinausweist. Luchino Visconti macht in seinem Film „Tod in Venedig“ (1971) Aschenbach zum Musiker und verschmilzt ihn so mit Adrian Leverkühn. Erlösungsmöglichkeiten deutet Thomas Mann auch bereits mit seinem zwischen 1940 und 1943 entstandenen „Josef der Ernährer“ an, mit der Erhöhung des Gefangenen Josef zum Stellvertreter des Pharaos oder mit „Lotte in Weimar“ aus dem Jahre 1939, einem Roman, in dem Goethe als fiktive Figur das faschistische Deutschtum widerlegt.

Teufelspakt und Erlösungsproblematik: äußerer Anstoß und innerer Antrieb bei Thomas Mann

Goethes „Faust“ sei ein perfektes Abbild Deutschlands der Nachkriegswirren und seiner ungeheuren Katastrophe, davon ist Thomas Mann am 29. Mai 1945 in seiner berühmten Rede „Germany and the Germans“ in der Washingtoner Library of Congress restlos überzeugt[1]. Der Teufel hole heute, fährt er fort, das geschlagene Deutschland buchstäblich so zu sich, wie er bereits bei Goethe Fausts Totenglocke geläutet habe. Ein Schicksal, das Beachtung erzwinge[2] und das die Frage lohnt, ob Goethes „Faust“ als Spiegel des zerrütteten Deutschlands den Deutschlandroman Thomas Manns, dieses *Schmerzensbuch*[3], angeregt hat, auch wenn Thomas Mann das einmal von sich gewiesen und nur auf das Volksbuch von 1587 verwiesen hat. Was spricht für diese These?

Ja, ich habe ihn geliebt von jung auf, versichert Thomas Mann 1932 bei der Eröffnung des erweiterten Goethe-Museums in Frankfurt. Eine besondere und großartige Liebe, die die *Bejahung des eigenen Selbst* beinhalte[4]. Eine Sympathie, die zu ausführlichster Beschäftigung mit diesem *Genius*[5], mit diesem *Vor-Bild*[6] führt. Nein, nicht nur mit dem „Faust I und II“, über den er während seiner Professorenzeit in Princeton 1938 Vorlesungen und Seminare hält[7] und den er Anfang Juli 1942 mit großer *Liebe und Bewunderung*[8] wieder liest, sondern in seinen zahllosen Goethe-Reden mit vielen anderen Aspekten, beispielsweise im Goethe-Jahr 1932 mit „Goethe als Repräsentant des bürgerlichen Zeitalters“ und 1933 mit seiner „Laufbahn als Schriftsteller“[9]. Eine Verbundenheit und intime Kennerschaft, die dann zu „Lotte in Weimar“ führt, ein Roman, in dem Goethe als literarische Hauptfigur auftritt, der ihm unsägliche Freude macht[10] und den er zwischen Oktober 1936 und September 1939 schreibt. Aber auch nach Fertigstellung seines „Doktor Faustus" bleibt er Goethe in vielen Reden verbunden, in Vorträgen, die er unter anderem zwischen New York, London, Stockholm und Zürich hält[11], ganz abgesehen von seinen Reden zu Goethes zweihundertstem Geburtstag in Frankfurt und München.

Aber damit nicht genug: Thomas Mann geht sogar soweit, in seiner Rede „Von Deutscher Republik" (1922) zu sagen, *Ich bin nicht Goethe*, das zwar nicht, aber er sei doch irgendwie *‚von seiner Familie'*[12]. In seinem Essay „Goethes Laufbahn als Schriftsteller" lässt er dann auch hinter dem Muster von Goethes Leben sein eigenes aufscheinen[13]. Goethe sterbe am 22. März 1832 schreibend, eine Szene, in der der sterbende Goethe mit seiner Hand Schriftzeichen in die Luft, später auf seine Decke malt und mit der Thomas Mann gekonnt seinen Aufsatz beginnt. Aber stirbt nicht auch Thomas Mann schreibend? Arbeitet er nicht bis ganz zum Schluss? Noch im März 1951 ist *der alte Kopf noch immer voller Pläne*[14], gut ein Jahr vor seinem Tod schließt er seinen „Felix Krull" ab, wälzt aber schon wieder mit der „Achilleis" als Roman neue Pläne[15]. Wenig später denkt er an Momentbilder von Luther und anderen Persönlichkeiten aus der Reformationsepoche, eine Idee, die dann hinter sein Schauspiel „Luthers Hochzeit" zurücktritt, mit dem er sich von Juni 1954 bis zu seinem Tod beschäftigt. Schließlich hält er seine Arbeit für seine *einzige Freude*[16]. Aber darüber hinaus gibt es noch weitere Gemeinsamkeiten zwischen den beiden:

Goethes Bewunderung anderer großer Künstler rege ihn immer wieder an, Ähnliches zu versuchen, fährt Thomas Mann in seinem Porträt fort[17]. Gilt das nicht auch für ihn selbst, den Mann der Montagetechnik, der so oft *nach der Natur* arbeitet?[18] Zweifellos, das gibt er auch ganz offen in seiner Auseinandersetzung mit Richard Wagner zu[19]. *Das ist ähnlicher als sie selbst*, zitiert Thomas Mann den Maler Max Liebermann, der damit entwaffnend einem gerade von ihm Porträtierten antwortet, der die zu großen Unterschiede zwischen Modell und Porträt beklagt[20]. Eine treffende Antwort, die sicher auch Thomas Mann in einem solchen Fall gegeben und damit auf seine Montagetechnik verwiesen hätte. Verständlich, dass über seinem Faustus für ihn *eine Lufthülle biografischer Stimmung*[21] liegt, dass er das Buch für ein Geständnis hält, das viel aus seinem Leben enthält[22].

Dann ist da noch Goethes Hang zur Erziehung und Moral und vor allem seine zwanghafte Neigung zur Genauigkeit, die Thomas Mann in seinem

Goethe-Porträt erwähnt[23], Eigenschaften, die er wiederum vollständig teilt und die ihn sogar teilweise quälen. Und bei der Religion, gibt es auch da Gemeinsamkeiten? *Dort oben sehen wir uns alle wieder*[24], eine Aussage Goethes, die man natürlich nicht wörtlich nehmen darf, dahinter steht sein Glaube an die Allversöhnung. Der steht auch Thomas Mann nahe. Er bekennt sich im März 1951 offen von der Kanzel der „First Unitarian Church of Los Angeles" zu den Unitariern. Als Lutheraner fühle er sich ihren Ideen der religiösen Toleranz und der umgesetzten christlichen Ethik, der tätigen Nächstenliebe, die das Zusammenleben erleichtere, sehr verbunden. Ihm geht es um die Umsetzung christlicher Gesinnung in soziales Verhalten, nicht um streng christlichen Glauben[25]. Eine humanitäre Haltung, die sehr deutlich bei der Rettung von Flüchtlingen vor den Nazis durch das „Unitarian Service Committee" wird. Folgerichtig lässt Thomas Mann seine vier Enkel unitarisch taufen, seine jüngste Tochter Elisabeth unitarisch trauen und seinen Bruder Heinrich von einem unitarischen Geistlichen bestatten.

Natürlich gibt es in dem Porträt auch Differenzen zwischen den Beiden: dass Thomas Mann so wie Goethe *im Fleische* gelebt hat[26], kann man wirklich nicht sagen. Und Goethes Ablehnung der Demokratie[27] überwindet Thomas Mann nach dem Ersten Weltkrieg.

Dafür decken sich wieder in Teilen die äußeren Lebensläufe beider Schriftsteller: Goethe beginnt mit zwei Sensationserfolgen, mit dem „Götz" (1773) und dem „Werther" (1774), danach erlangt er diese von Begeisterung begleitete Popularität, von „Hermann und Dorothea" (1797) abgesehen, nicht mehr. Vielleicht ein wenig vergleichbar mit Thomas Manns Anfangserfolg der „Buddenbrooks" (1901), für den er dann später nach knapp 30 Jahren 1929 den Nobelpreis erhält und nicht für den 1924 erschienen „Zauberberg". Dass Goethe im Alter im Ausland mehr geschätzt wird als in Deutschland, ist ihm klar[28], eine Stimmungslage, die auch für Thomas Mann gilt, der sich nach dem Zweiten Weltkrieg mit den Schriftstellern der „Inneren Emigration" herumschlagen muss. Manche Literaturwissenschaftler sehen auch im „Tonio Kröger" den „Werther" und in Hans Castorp und Wilhelm Meister Bildungsroman-Verwandte[29]. Die Parallelen enden dann mit den Faust-Werken der Beiden, aber nur zum Teil: schließlich sind beide Deutschlandspiegel, wenn auch Adrian Leverkühn die Erlösung versagt wird. Ihn holt der Teufel[30].

Bei dieser speziellen – ihn auch selbst aufbauenden – Liebe zu seinem Genie Goethe, bei seiner intimen Kenntnis von Goethe und besonders dem „Faust I und II", bei seiner tiefen Begeisterung für dieses Werk, bei den vielen Parallelen zwischen Beiden und schließlich bei seiner Verewigung Goethes als literarische Figur in seiner „Lotte in Weimar", ist es wohl mehr als wahrscheinlich, dass Thomas Mann – vor allem mit seiner Neigung, es großen Künstlern gleich zu tun[31] – von Goethes Faust zu seinem eigenen „Deutschlandbuch" angeregt wurde. Das wird noch mal im Mai 1950 bei der Pariser Vorstellung der französischsprachigen Ausgabe seines „Doktor Faustus" deutlich, bei der Thomas Mann betont, dass sein „Faust" nicht nur die deutsche, sondern die Krise des Westens wiedergeben will, dass er ein *Held unserer Zeit* ist[32]. Sein „Faust" ist ein europäisches, ein „Weltbuch", wieder ganz der Goetheschen Ablehnung von allzu nationalen Tendenzen verpflichtet[33].

Dass Thomas Mann Goethe in der Erlösungsfrage nicht folgt, liegt sicher an den bis dahin unerhörten und einmaligen Kriegsverbrechen der Nationalsozialisten und auf der Ebene der Fiktion an seiner närrischen Liebe zu dem Elfenprinzchen Echo und natürlich auch zu dessen Modell, seinem Lieblingsenkel Frido Mann[34]. Ihm bleibt ganz einfach keine andere Wahl: er muss Goethes Faust am Ende verneinen.

Der skizzierte Anstoß durch Goethes „Faust" fällt bei Thomas Mann auf mehr als fruchtbaren Boden: auf seinen Bildungsgang, seinen Durchbruch vom einsamen Künstlertum zu politischer und sozialer Verantwortung[35], auf seinen antifaschistischen Kampf gegen Hitler. Bereits in seinem Dreizeilen- und Neunzeilenplan aus dem Jahr 1904 denkt Thomas Mann an den syphilitischen Künstler Dr. Faust[36]. Im August 1934 soll daraus dann ein Buch über Deutschland werden, er könne der Weltgeschichte einfach nicht nur zusehen, er müsse politisch denken[37]. Und das zeigt sich immer wieder. Schon im August 1932 verurteilt er scharf die Königsberger Ausschreitungen der Nazis und kanzelt sie als *Volkskrankheit*, als *Megaphondeutschtum* ab[38]. Im Mai 1935 fordert er einen *‚militanten' Humanismus* gegen die Faschisten[39] und bricht endgültig Anfang Februar 1936 mit den Nazis, als er sich öffentlich mit dem Emigrantentum solidarisch erklärt[40]. Im Juni 1936 fordert er dann auf einer Budapester Tagung mutig eine streitbare Demokratie. Und dann geht es ab Oktober 1940 Schlag auf Schlag mit den monatlichen Rundfunksendungen nach Deutschland bis zu dem

Schmerzensbuch über Deutschland[41], das er zum ersten Mal im Februar 1942 erwähnt, ein Höhepunkt in seinem antifaschistischen Kampf.

Politisch bewusst und aktiv bleibt er auch nach Ende des Zweiten Weltkriegs: er hält die Sieger für unfähig, einen Frieden aufzubauen, erinnert in seinem Artikel „Die Lager" an die NS-Verbrechen, unterstützt im Juni 1948 in Hollywood die „Peace Group", die sich vehement gegen den ‚Kalten Krieg' richtet, tritt für ein europäisches Deutschland ein und besucht ganz bewusst Ende Juli, Anfang August 1949 Frankfurt und Weimar, weil er als deutscher Schriftsteller *keine Zonen*, sondern nur Deutschland als Ganzes kenne[42].

Dass sein „Doktor Faustus" darüber hinaus starke autobiografische Züge enthält, rundet das Bild ab[43]. Die Krönung ist dabei der kleine Elfenprinz Echo, der seinem Enkel Frido nachgezeichnet und für Thomas Mann *gewiss das Schönste im ganzen Buch ist*[44]. Nach einer Lesung der ersten Kapitel des „Doktor Faustus" in kleinem Freundeskreis wiederholt er sogar die dortigen biologischen Experimente.

Unterschiede zu Adrian Leverkühn gibt es natürlich auch, besonders im musikalischen und sozialen Bereich: Thomas Mann kann seinen inneren Widerstand gegen die moderne Musik nur schwer überwinden[45], er bleibt mehr dem Rausch der tonalen Musik verhaftet[46], und Adrian Leverkühn ist der Durchbruch zum Politisch-Sozialen versperrt.

Johann Wolfgang von Goethe

Der Weg von Goethes Faust in den Teufelspakt und die Erlösungsproblematik

Goethe laboriert über Jahrzehnte am Faust, rund sechzig Jahre zwischen 1773 und 1832, eine Zeitspanne, die die Erfahrungen fast eines vollen Menschenlebens umfasst und die durch drei Epochenbrüche gekennzeichnet ist: den Wechsel von der Klassik zur Romantik, die Französische Revolution sowie den Übergang zum Industriezeitalter. Auch bei der knapp dreihundertjährigen Vorgeschichte des „Faust“ ein außerordentlich langer Schaffenszeitraum. Leicht verstehbar, dass sein „Faust“ keine ganz kohärente Struktur aufweist und auch nach Goethes Auffassung immer Fragment geblieben ist[1].

Um 1775 veröffentlicht Goethe den „Urfaust“ oder die sogenannte „frühe Fassung“ mit der noch unvollständigen Gelehrten- und der Gretchenhandlung. 1790 folgt „Faust ein Fragment“, das die Szenen „Hexenküche“ und „Wald und Höhle“ hinzufügt, aber die Gretchen-Katastrophe weglässt. Der 1. Teil des „Faust“ wird zwischen 1797 und 1806 erarbeitet und erscheint 1808. Das konnten die Leser kaum erwarten, wie die Bitte von Goethes Freund Friedrich Wilhelm Gotter: *Schick mir dafür Deinen Faust, sobald Dein Kopf ihn ausgebraust*, andeutet[2]. Goethe arbeitet dann erst wieder intensiv zwischen 1825 und 1831 an dem 2. Teil. Er veröffentlicht den „Helena-Akt“ zwar vorab 1827, stemmt sich aber gegen die Publikation des gesamten „Faust II“, zu hoch erscheint ihm das Risiko, nicht verstanden zu werden. Das geht ganz deutlich aus seinem letzten Brief an Wilhelm von Humboldt vom 17.3.1832 hervor: die Welt sei so *absurd, und konfus*, dass dieses über Jahrzehnte verfolgte Projekt *schlecht belohnt und an den Strand getrieben* würde, *wie ein Wrack in Trümmern*, das dann von den Dünen verschüttet würde[3]. Die Zeiten des erfolgreichen Drängens Johann Heinrich Mercks *Bei Zeit auf die Zäun‘, so trocknen die Windeln* zur schnellen Veröffentlichung des „Götz“ sind lange vorbei[4].

Die beiden Faust-Teile zeichnen den Weg Fausts von einem lebensfernen Wissenschaftler in voller Midlife-Crisis, der den Sinn seiner Forschungen und des Lebens nicht findet, zu einem rastlosen Abenteurer, der die Welt durcheilt, sich *in das Rauschen der Zeit/ Ins Rollen der Begebenheit* stürzt[5] und *dem Taumel* weiht (1766). Und das mithilfe des Teufelspaktes und einer Anti-Aging-Therapie, die Faust wieder auf jung stellt. Die wichtigsten Rollen sind dabei im 1. Teil: der krisengeschüttelte Gelehrte, der Gretchenverführer, der schnell zum Mörder wird, der hemmungslose Genießer der sexuell geprägten Walpurgisnacht mit ihren jungen nackten Hexen *(4025)* und der verhinderte Retter Gretchens vor ihrer Hinrichtung.

Im 2. Teil begegnen wir am Kaiserhof dem windigen Finanzsanierer und Unterhaltungskünstler Faust, der die Hof-Gesellschaft zu Voyeuren einer Helena-Show macht, dem nach Helena süchtigen Fahnder, der fündig wird und mit ihr für begrenzte Zeit glücklich zusammen lebt, dem Kriegsherrn in Kaisers Diensten und dem Kolonisierer und Großunternehmer, der mit dem Mord an Philemon und Baucis die alte naturgegebene Ordnung überrollt und gegen Ende sein Augenlicht verliert, der geblendet wird. Dass dieser Faust am Schluss trotz seiner vielen Morde und Verbrechen erlöst wird, das hat viel Polemik hervorgerufen, besonders in dem christlichen Lager, und steht in krassem Widerspruch zu dem alten Faustbuch, dessen Weg aus Gottesnähe über die Welt der Sünde zur Hölle führt.

Fausts Weg kann auch mit der Formel ‚Begrenzte Wissenschaft > Teufelspakt > Erfahrung in der kleinen und der großen Welt > Sturz in die Blindheit > Erlösung' zusammengefasst werden. Doch was so einfach und plausibel klingt, ist es nicht, denn der „Faust", besonders der 2. Teil, ist nicht immer kohärent und enthält viele Abschweifungen in die Antike und Mythologie. Trotzdem bilden beide Teile unter dem Aspekt des Strebens, aber auch der Verbrechen Fausts, eine Einheit.

Faust I und seine Szenen

Zueignung, Vorspiel auf dem Theater, Prolog im Himmel

Ihr naht euch wieder schwankende Gestalten!/ die früh sich einst dem trüben Blick gezeigt (1ff). Ob er sie wohl diesmal festhalten könne, fragt sich Goethe in der „Zueignung" und seine Antwort ist ein klares ‚Ja'. Er will der Neubegegnung mit dem Stoff seiner Jugend nicht ausweichen, im Gegenteil: sein *Busen fühlt sich jugendlich erschüttert/ vom Zauberhauch* (7), der über diesem Thema schwebt.

Im „Vorspiel" handeln der Theaterdirektor, der Schauspieler und der Dichter ihre unterschiedlichen Interessen aus. Die wirtschaftlich orientierte

Pragmatik des Theaterdirektors prallt auf das reine Gefallen wollen des Schauspielers und den Kunstbegriff des idealistischen Dichters, den das breite ungebildete Publikum nicht interessiert: *Oh sprich mir nicht von jener bunten Menge,/ bei deren Anblick uns der Geist entflieht* (59).

Der „Prolog“ beginnt mit dem Hymnus der Erzengel auf die Harmonie der unzerstörbaren Naturordnung: *Die Sonne tönt nach alter Weise/ ... Die unbegreiflich hohen Werke/ Sind herrlich wie am ersten Tag* (243). Diese Harmonie der Gestirnsphäre, die selbst Stürme einbindet, überwölbt alles, auch das Tragische und macht damit die Doppel-Erlösung von Gretchen und Faust verständlicher. Sicher auch die Wette von Gott und Mephisto, der ihm den Versuch gestattet, Faust auf der Erde von seinem *Weg in die Klarheit* (309) abzubringen. Warum Mephisto seine Wette mit Gott verliert, das zeigt sich erst ganz am Ende des „Faust II“.

Die begrenzte Wissenschaft

Nacht in einem hochgewölbten engen gotischen Zimmer

Die Gelehrtenhandlung spielt angeblich im 16. Jahrhundert, eine Hinwendung zur deutschen Vergangenheit, die wohl in der Überfremdung durch das lateinische Gelehrtenwesen und die französische Kultur begründet ist, die aber auch von Klopstock, Herder und dem „Sturm und Drang“ empfohlen wird. Lessing weist explizit auf den Faust als alten deutschen Stoff hin[6]. Und dieser Faust kann als Wissenschaftler nicht genug bekommen genauso wie die großen Entdecker seiner Zeit. Gut möglich, dass Goethe auch die Reiseforscher Lateinamerikas wie Georg Forster, Alexander von Humboldt, Wilhelm von Eschwege, Prinz Wied zu Neuwied oder Martius, mit denen er in engem Kontakt ist, stimulieren[7]. Aber trotz größtem Wissensdrang gelingt Faust der Durchbruch nicht. Den Weltaufbau kann er einfach nicht ergründen. Die Erkenntnis des Ganzen bleibt ihm verschlossen. Bis auf einen Moment, in dem er sich der Magie verschreibt, die ja in der Antike die gesamtkosmischen Kräfteverhältnisse zu entschlüsseln versuchte. Und wirklich: für einen Augenblick glaubt er, das Ganze, die Sphärenharmonie zu erkennen. *Bin ich ein Gott? Mir wird so licht* (439) fragt er sich begeistert. Aber ach, der Kontakt mit der Geisterwelt besteht nur für kurze Zeit: *Du gleichst dem Geist, den du begreifst,/ Nicht mir!* (512) schleudert ihm der verschwindende Geist entgegen. Die Kraft, ihn anzuziehen, die hat er, aber nicht, ihn zu halten. Es bleibt dabei, *dass wir nichts wissen können* (364), eine Überzeugung, die ihn sicher auch dahin bringt, sein Handeln nicht mit seinem Gewissen abzuwägen. Seine Schulderkenntnis ist damit gestört, eine Voraussetzung für seine zukünftigen Morde und Verbrechen. Verständlich, dass ihn Michael Jäger als „Pfuscher", als nicht ernst zu nehmenden Wissenschaftler, ansieht und als „Dilettanten der Erkenntnis" bezeichnet[8].

Sein Hunger nach Erkenntnis über jedes Menschenmaß hinaus, die unüberbrückbare Kluft zwischen Wollen und Vollbringen, verschafft dem Teufel wenig später leichten Zugang[9]. Der kann ihn verteufeln und immer abhängiger machen. Sein Versuch, in den Selbstmord zu fliehen, wird durch die Osterglocken vereitelt, die ihn nostalgisch stimmen und ihn dazu bringen, den bereits gefüllten Giftbecher wieder abzusetzen (742).

Vor der Stadt

Der Wissensekel treibt Faust aus seinem beengenden finsteren Kerker vor die Tore in die freie offene Natur: *Im Tale grünet Hoffnungs-Glück/ ... die Sonne duldet kein Weißes,/ Überall regt sich Bildung und Streben,/ Alles will sie mit Farben beleben* (905). Sein rousseauhafter Drang zum naturhaften Leben lässt ihn den eher triebhaften Erlebnishunger der Oster-Spaziergänger als *Auferstehung* verkennen (921).

Den Dank der Menge für die vielen Heilungen ihrer Kranken durch Faust und seinen Mediziner-Vater, den weist er vor Wagner schroff zurück: *Oh könntest du in meinem Innern lesen, / Wie wenig Vater und Sohn/ Solch eines Ruhms wert gewesen* (1032). Nein, er hat wenig Hoffnungen, *aus diesem Meer des Irrtums aufzutauchen* (1065) und sehnt sich nach Flügeln, denn eins steht für ihn fest: dass jeder Mensch nach Erkenntnis drängt (1090)! *Ja, wäre nur ein Zaubermantel mein!/ Und trüg er mich in fremde Länder* (1122), das wird jetzt sein ganz großer Wunsch. Ob er ahnt, dass der sich immer weiter nähernde schwarze Pudel mit seinem Feuerschweif, den er nach sich zieht, eine Lösung bringen wird?

Der Teufelspakt

Dass Mephisto in seiner Wette mit einer üppigen Konsumwelt lockt und dass Faust gerade beweisen will, dass er mehr ist als ein stumpfer Konsument[10], das lässt ihn leichten Herzens in die Wette einschlagen, deren

Abbildung 6: Nacht. Der Geist erscheint Faust und weist ihn zurück. Quelle: www.goethezeitportal.

Grundbedingung sein rastloses Unbefriedigtsein ist. Wie siegessicher er ist, zeigt seine frühe Vorausdeutung der Niederlage des Teufels in dem ‚Wett-Gespräch' mit Mephisto: *So setzest du der ewig regen,/ Der heilsam schaffenden Gewalt/ Die kalte Teufelsfaust entgegen, die sich vergebens tückisch ballt!* (1379). Mephistos Kult der Geschwindigkeit, der rastlosen Innovation, des permanenten Bild- und Sensationswechsels kann Faust lange nichts anhaben, kann ihn einfach nicht zufriedenstellen. Das Todessignal, das nach der Wette mit dem Glück im Hier und Jetzt einsetzt, kann lange nicht gegeben werden[11].

Lassen wir nun Mephisto seinen Zaubermantel ausbreiten, der die Beiden durch die Lüfte tragen soll. Sie seien leicht, da *geht es schnell hinauf;/ Ich gratuliere dir zum neuen Lebenslauf* (2065), ermuntert Mephisto seinen Reisebegleiter.

Die kleine Welt des Faust I

Auerbachs Keller in Leipzig

Wohin soll es nun gehen? fragt Faust /*Wohin es dir gefällt/ wir sehen die kleine, dann die große Welt* (2050), lockt Mephisto. Koordinaten der kleinen Welt sind die bereits behandelten zwei Szenen „begrenzte Wissenschaft" und „Teufelspakt" sowie das Saufgelage in „Auerbachs Keller", die Polung auf sexuelle Ekstase in der „Hexenküche", die triebhafte Lust in der „Walpurgisnacht" und die Entwicklung Gretchens vom naiven Sexobjekt, von der Ja-Sagerin, zur Nein-Sagerin im Kerker. In der großen Welt des „Faust II" führt der Weg dann später vom „Kaiserhof" über die Suche nach Helena und die Erfüllung mit ihr in den Krieg aufseiten des Kaisers, in das Kolonisationsprogramm und gipfelt in Fausts Erlösung.

Ich muss dich nun vor allen Dingen/ In lustige Gesellschaft bringen, ködert Mephisto seinen Begleiter mit dem leichten Leben (2158). Los geht's mit dem von ihm organisierten lustvollen Reiseweg. Erste Station ist das wüste Saufgelage in „Auerbachs Keller". Wohlsein bedeutet für das verführbare Volk Bestialität, zum Schaden der Nachbarn, die sich im Rausch streitsüchtig gegenseitig die Nasen abschneiden. Eine erste Anspielung auf die Französische Revolution, die Goethe unheimlich ist und ebenfalls für eine berauschende Droge hält, die das Volk leicht Ausschreitungen und rohe Gewalttätigkeit als Freiheit missverstehen läßt[12]. Ein echter Deutscher lehne die Franzosen ab, nur ihre Weine, die trinke er gern (2272), davon ist Brandner, einer der Saufkumpane, überzeugt. Vielleicht ein weiteres Indiz für die Ablehnung der Französischen Revolution.

Hexenküche

Helena erscheint sehr schnell als attraktives nacktes Frauenbild im Zauberspiegel der Hexen, entfesselt Fausts Begierde und zieht ihn unwiderstehlich in ihren Bann: *Was seh ich? Welch ein himmlisch Bild/ Zeigt sich in diesem*

Zauberspiegel!/ Da muss er hin und zwar sofort, denn der hingestreckte Leib Helenas erscheint ihm als *Inbegriff von allem Himmlischen* (2429). Modell steht wohl Giorgiones verführerische „Schlummernde Venus“[13]. Ein verführerischer liegender Akt mit geschlossenen Augen mitten in einer arkadischen Landschaft. Der rechte Arm liegt unter dem Haupt und gibt den Blick auf den völlig unbekleideten Körper der Göttin der Schönheit frei. Die linke Hand bedeckt ihre Scham. Nach Giorgiones Tod an der Pest im Jahre 1510 führte Tizian das Bild zu Ende. Zum ersten Mal wurde ein liegender Akt in dieser Größe gemalt, er wird zum Vorbild für die spätere Darstellung legendärer Frauenakte.

Eine Anti-Aging-Therapie muss da natürlich her, der Hexentrank, eine Art Trinkgold, stellt Faust auf Jungsein zurück, auf das Gefühl des anything goes und polt ihn auf Sex.

Au! Au! Au! Au!/ Verdammtes Tier, verfluchte Sau!/ Versäumst den Kessel, versengst die Frau (2465) hadert die Hexe mit der Meerkätzin, die für den brodelnden und überlaufenden Hexenkessel verantwortlich ist. Vielleicht kann man den kochende Flammen erzeugenden und eine der Hexen versengenden Kessel ebenfalls als Allegorie auf die Französische Revolution verstehen[14], besonders wenn man die Bewusstseinsrevolution Mephistos mitberücksichtigt: *Hier sitz ich wie der König auf dem Throne/ Den Zepter halt ich hier, es fehlt nur noch die Krone.* Die wird ihm zwar sofort von den Meerkätzchen gebracht, zerbricht aber dabei in zwei Teile (2450). Offenkundig ein Hinweis auf die Kurzlebigkeit revolutionärer Regierungen, die sich auch in der zerbrechenden Weltkugel aus Glas, die die Tiere umherrollen, spiegelt (2402).

Dass Faust *mit diesem Trank im Leibe, bald Helenen in jedem Weibe* sieht (2605) und das Objekt seiner Begierde finden wird, das steht für Mephisto fest: die Gretchenhandlung kann beginnen.

Gretchenhandlung

Mein schönes Fräulein, darf ich wagen,/ Meinen Arm und Geleit ihr anzutragen? (2605). Das bleibt nur eine höfliche Floskel. Faust fragt und fackelt nicht lange. Sein durch den Hexentrank auf Lust getrimmtes Bewusstsein lässt ihn in Gretchen sofort und nur sein Wunschbild erkennen: ein Objekt für seine Begierde, eine naive zu ihm aufblickende Kindfrau, eine *Puppe*

Abbildung 7: Faust erblickt in dem Zauberspiegel der Hexenküche Helena. Illustrator: Alexander von Liezen-Mayer, 1885. Quelle: akg-images Berlin.

(3476), eine Ja-Sagerin, für die sich Gretchen auch bis zur Kerkerszene selbst hält: *Du lieber Gott, was so ein Mann nicht alles denken kann!/ Beschämt steh ich vor ihm da,/ und sag zu allen Sachen ja* (3211). Sie versteht einfach nicht, was Faust in ihr sieht.

Ihre Persönlichkeit, die erkennt er nicht. Er bleibt zunächst der Draufgänger, dem Recht und Gesetz in Liebesdingen gleichgültig sind. *Lass' Er mich mit dem Gesetz in Frieden!* (2634), bellt er Mephisto ungeduldig an, den diese Einstellung an französische Kavaliere erinnert. Er spreche schon ganz wie ein Franzose (2645), kommentiert er ironisch Fausts rücksichtslose Haltung. Doch dann scheint Faust, sich in sein Gretchen zu verlieben (2723) und deshalb von schneller Verführung abzusehen: *Fort! Fort! Ich kehre nimmermehr* (2730)! Doch die Verlockung ist zu groß und die Vermittlung durch Mephisto und Marthe, *ein Weib wie auserlesen/ Zum Kuppler- und Zigeunerwesen* (3029), zu leicht. Nach kurzem Zögern legt Faust sogar über den Tod von Frau Marthes Mann falsches Zeugnis ab, nur um an sein Ziel zu gelangen. Immerhin ist der bindungs- und dialogunfähige Egomane Faust noch ehrlich genug sich zu fragen, ob seine brennende Leidenschaft für Gretchen, die er für *ewig* halten will, nur *ein teuflisch Lügenspiel* ist (3066).

Während Gretchen sich zu ihrer Liebe bekennt, gibt Faust kein verbindliches Gegenbekenntnis ab. Er distanziert sich vielmehr in seiner Liebeserklärung: *Er liebt dich* (3185) und vermeidet den Ich-Bezug. Ob er damit nur versucht, seine körperliche Begierde zu maskieren? Bleibt es also dabei, *ist das ein teuflisch Lügenspiel?* Offenbar ja, scheinbar geht es in erster Linie doch um das Lustprinzip, nicht um Liebe. Wie wäre sonst das sich Absetzen Fausts in die Region „Wald und Höhle" zu erklären, die in Onanie gipfelt (3291)[15], und vor allem sein bedingungsloses Gretchens Untergang akzeptierendes Einschwenken auf Mephistos Verführungskurs?: *Was muss geschehen mag gleich geschehen!/ Mag ihr Geschick auf mich zusammenstürzen/ Und sie mit mir zu Grunde gehen* (3363). Die letzten Skrupel sind gefallen. Das Schicksal nimmt mit Gretchens Ängsten und ihrer Ächtung seinen Lauf.

In ihrer Stube singt Gretchen das berühmte Lied *Meine Ruh ist hin,/ mein Herz ist schwer;/ Ich finde sie nimmer und nimmermehr* (3374). Ängste, die durch die Abwesenheit Fausts, aber auch durch sein fehlendes Christentum und den ihr verhassten Mephisto geschürt werden. Dann überschlagen sich die Ereignisse: Faust übergibt ihr das Fläschchen mit dem Schlafmittel, das ihre Mutter töten wird, um den Weg für die gemeinsame Nacht mit ihr zu ebnen. Im anschließenden Gespräch mit Lieschen „Am Brunnen" über die Schwangerschaft des unverheirateten Bärbelchen zeigt die Gesellschaft ihre ganze Gehässigkeit und Verantwortungslosigkeit, ganz anders Gretchen, die sich vor dem Hintergrund ihrer persönlichen Situation verständnisvoll zeigt. Im Zwinger ist es dann so weit: Gretchen weiß um ihre eigene Schwangerschaft und bittet die Mater Dolorosa um Rettung, von Reue keine Spur, dazu ist ihre Liebe zu stark.

In der anschließenden Szene „Nacht" wird Gretchens Bruder Valentin, der seine Schwester rächen will, von Faust mithilfe Mephistos erdolcht. Der sterbende Valentin verflucht seine Schwester als Hure: *Und wenn dir denn auch Gott verzeiht,/ Auf Erden sein vermaledeit* (3762). Eine Ächtung, die der „Böse Geist" im Dom dann gnadenlos verstärkt: *Ihr Antlitz wenden/ Verklärte von dir ab./ Die Hände dir zu reichen,/ Schauert's den Reinen./ Weh!* (3828). Jetzt kann Gretchen nur noch auf die Erlösung durch Gott hoffen, die beschränkte Welt hat sich abgewandt und treibt Gretchen mit ihrem Tugendrigorismus zum Kindesmord, der ebenso wie ihre Verurteilung zum Tode in verdeckter Handlung stattfindet. Und Faust amüsiert sich währenddessen in der nordischen Walpurgisnacht.

Walpurgisnacht

Wer heute sich nicht heben kann,/ Ist ewig ein verlorener Mann (4002), kreischen hysterisch die Hexen-Chöre. Es ist ihr Tag, der 1. Mai, an dem sie traditionsgemäß zum Bocksberg drängen, um dem Satan zu huldigen. *Das drängt und stößt, ... / Das zischt und quirlt, ... / Das leuchtet, sprüht und stinkt und brennt!/ Ein wahres Hexenelement* (4016). Wer nicht mitkommt, wird fallen gelassen, es herrscht das Recht des Stärkeren, der Begierde und der Gewalt. Das ist selbst Mephisto zu viel: *Es ist zu toll sogar für meinesgleichen* (4025). Ein bequemerer Aufstieg zum Brocken muss her.

Da seh ich junge Hexchen nackt und bloß,/ Man tanzt, man schwatzt, man kocht, man trinkt, man liebt;/ Nun sage mir, wo es was Besseres gibt? (4049) frohlockt Mephisto. Die mühevolle Bergfahrt hat sich für ihn und Faust gelohnt, der sich mit einer jungen Hexe entschädigt. Eine orgiastische Feier, ein wahres ‚Lust'-Spiel, das vielleicht nach dem Kupferstich von Michael Herr aus dem Jahr 1620 gestaltet ist[16], das eine quirlige Nacht voller Nacktheiten, Rausch und Musik abbildet und links unten eine sextrunkene Hexe zeigt, die gerade ihr orgastisches Liebesspiel mit einem Hexerich beginnt. Das respektlose Frauenbild des Hexenmeisters passt sich nahtlos an: *Wir nehmen das nicht so genau,/ Mit tausend Schritten macht's die Frau;/ Doch wie sie auch sich eilen kann,/ Mit einem Sprunge macht's der Mann* (3982). Dieser vibrierende Sinnestaumel lässt Faust urwaldähnliche Landschaften voller Dampf, Schwaden, Glut und sprühender Funken sehen (3920), die Mephisto als *Säulen ewig grüner Paläste* (3943) bezeichnet und die an Mammut-Baumstämme des Urwalds denken lassen. Dass diese nordische Walpurgisnacht für Goethe *monarchisch* mit Mephisto an der Spitze organisiert ist, ganz im Gegensatz zu der *republikanischen* klassischen Nacht des „Faust II" mit ihrem polytheistischen Götterhimmel ohne Subordination, verwundert nicht[17]. Ein Verständnis der nordischen Walpurgisnacht als Allegorie der nachrevolutionären Gesellschaft[18] scheidet damit wohl eher aus.

Mitten in seiner rauschhaften Schäferstunde mit der *Schönen*, einer blutjungen attraktiven Hexe, deren Busen ihn besonders reizt (4128), erscheint Faust Gretchen – als Verurteilte, als Gerichtete: *Mephisto, siehst du dort/ Ein blasses schönes Kind allein und ferne stehen?/ ...Ich muss bekennen, das mir deucht,/ dass sie dem guten Gretchen gleicht* (4183). *Ganz recht! Ich seh es ebenfalls,/* kontert Mephisto (4206) trocken: *Sie kann das Haupt auch unterm Arme tragen; Denn Perseus hat's ihr abgeschlagen* (4206).

In der Szene „Trüber Tag, Feld" bestätigt sich dann für Faust, dass Gretchen schuldig gesprochen ist und auf ihre baldige Hinrichtung wartet. Völlig empört, vielleicht auch schon von ersten Schuldgefühlen eingeholt, verlangt er von Mephisto die Freilassung: *Rette sie! Oder weh dir! Den grässlichsten Fluch über dich auf Jahrtausende*[19].

Den Türmer betäuben und Zauberpferde bereitstellen, das vermag Mephisto. Die Rettung aus dem Kerker muss Faust aber selbst durchführen. Der Lauf gegen die Uhr beginnt.

Kerker

Du zauderst zu ihr zu gehen!/ Du fürchtest, sie wiederzusehen (4409), stöhnt der Egomane Faust an der Kerkertür: zu groß ist seine Angst, sich noch mehr zu belasten. Wie immer geht es vor allem um ihn. Als er sich endlich überwindet, erkennt Gretchen ihn nicht, hält ihn für den Henker und wimmert um Aufschub der Hinrichtung bis zum nächsten Tag. Und Faust, der zerfließt wieder in Selbstmitleid und stammelt: *Werde ich den Jammer überstehen!* (4441).

Dann endlich erkennt sie ihn und fliegt an seinen Hals, nur um zu spüren, dass er sie nicht mehr liebt, dass sie ihn endgültig verloren hat. Da gesteht sie ihre Schuld, den Mord an Mutter und Kind. Ihre Schuld? Nein sie zieht Faust mit ein, seine für sie mörderischen und blutigen Hände (4514). Und

Abbildung 8a: Hexensabbat von Michael Herr. Kupferstich aus dem Jahr 1620.

der bemitleidet sich wieder nur selbst: *Lass das Vergangene vergangen sein,/ Du bringst mich um* (4518). Faust stößt sie jetzt ab, aber nur zeitweise. Die alte Liebe bricht auch wieder durch: *O Heinrich könnt ich mit* (4542)! Diesen Wunsch kann sie sich aber nicht erfüllen: sie ist verurteilt, akzeptiert den Rechtsspruch und liefert sich dem weltlichen und göttlichen Gericht aus (4605).

Nein sagt nun um den Preis ihres Lebens die, die immer Ja gesagt hat. Nein zur Flucht und zum Überleben mit dem Geliebten, der nicht mehr liebt. Sie hat sich von Faust losgesagt und in eine verantwortungsvolle Nein-Sagerin verwandelt. Und die gibt dem sich immer noch selbst bemitleidenden Faust, der sich wünscht, nie geboren zu sein (4596), den vernichtenden Hieb: *Heinrich! Mir graut's vor dir* (4610).

Für Mephisto, der sie mit dem Maßstab des disziplinierenden Kirchenglaubens misst, ist sie gerichtet, für „die Stimme von oben" gerettet (4611). Für streng Kirchengläubige ist diese Rettung eine nicht nachvollziehbare Vorstellung, die Kindes- und Muttermörderin Gretchen gehört für sie in die

Abbildung 8b: Walpurgisnacht. Im Hintergrund die Erscheinung Gretchens. Quelle: www.goethezeitportal.

Hölle, allenfalls in ein extrem langes Fegefeuer. Aber vielleicht ist das auch bereits ein erster Hinweis auf die spätere Erlösung von Faust.

Faust II und seine fünf Akte

Erster Akt

In der Szene „Anmutige Gegend" wird Faust auf einem Rasen voller Blumen in einen Heilschlaf zum Vergessen seiner Schuld um Gretchen versetzt[20]. Beim Erwachen aus diesem Schlummer sieht er sich in einer paradiesischen Landschaft, die seine Entscheidungskraft und seinen Tatendrang, seine *Lust* (4683) auf das Leben wieder weckt. Und er ergreift rasch die

Gelegenheiten, ganz auf Erfolg gepolt, ohne auf Mittel und Konsequenzen, auf sittliche Verantwortung zu achten[21]. Ein Neubeginn, der für so manche Leser, besonders direkt nach Erscheinen des „Faust II", zu viel Verständnis für den rücksichtslosen Stürmer Faust zeigt. Der Literaturwissenschaftler, Philosoph und Theologe Friedrich Theodor Vischer (1807–1887) schlägt zum Beispiel folgende Änderung vor: nach dem Besuch von Gretchens frischem Grabe solle Faust verzweifelt in sein Studierzimmer stürmen und ein peinvolles Selbstgespräch beginnen, *worin er wie im wilden Fiebertraum Gretchens Hinrichtung malt*, und zwar so als nehme er an der Vollstreckung teil[22]. Selbst wenn Vischer das ironisch meinen sollte, werden es so manche Leser, vor allem die strenggläubigen, ernst genommen haben.

Verständnis für dieses Comeback hin oder her: die Reise in die große Welt kann beginnen. Der Wissenschaftler und Verführer Faust entwickelt sich jetzt über den Finanz- und Unterhaltungskünstler, den Liebhaber Helenas und den General in Kaisers Diensten zum Unternehmer und Kolonisator. Was einfach klingt, ist komplizierter: die Hauptlinien des „Faust II" sind schwer erkennbar. Goethe geht nicht ganz linear vor, es gibt Beiläufiges, Stükke ohne Bezug zur Handlung, auch Lücken. Und trotzdem: fünf Akte sind klar erkennbar, der Kaiserhof, die Suche nach Helena, die Vereinigung mit ihr, der Krieg im Dienst des Kaisers sowie die Kolonisierung mit dem Sturz Fausts und seiner Erlösung. Das rücksichtlose Streben Fausts verbindet Teil I und II, auch die desaströsen Folgen, sein zugrunde richten Gretchens und der naturgegebenen Ordnung in Teil II, tragen dazu bei.

Kaiserliche Pfalz

Der Kaiserhof spiegelt den Umbruch vom ausgehenden Mittelalter zur beginnenden Neuzeit, zur Renaissance, besonders die Zeit Maximilian I (1459–1514)[23], aber auch die Zeit um 1800. Darauf weisen die Einführung des Papiergeldes sowie die Anspielungen auf das Ancien Régime am Vorabend der Revolution[24].

Gunst der Stunde: der kaiserliche Narr, *das Fettgewicht* bricht zusammen *tot oder trunken? Weiß man nicht* (4735), und Mephisto schafft es, ihn sofort zu ersetzen und Faust am Hof einzuführen. Deutet schon der Narr auf die morsche und marode Hofgesellschaft, sprechen der Kanzler und seine Kollegen die desperate Situation deutlich an: Gesetzlosigkeit, Raub und

Mord, Aufruhr der Regionen, leere Kassen, Egoismus und fehlender Wein kennzeichnen die Situation. *Wo fehlt's nicht irgendwo auf dieser Welt?/ Dem dies, dem das, hier aber fehlt das Geld* (4889), spitzt Mephisto den Bericht zu und stellt sich und Faust als Retter aus dem Desaster vor: das Papiergeld muss her! Fadenscheinig durch angebliche Goldschätze im Boden gedeckt. Aber wen stört's? Den Kaiser jedenfalls nicht, der Mephisto mit der Geldbeschaffung – ganz im Sinne Heinrich Heines, der Kredit habe das Credo ersetzt – beauftragt und sogar bereit ist, selbst *mit eignen hohen Händen* (5003) nach den angeblich vergrabenen Schätzen zu schürfen. Wachstum ist eben der einzige verbindliche Maßstab für die Entwicklung des Menschengeschlechtes, das sieht der ‚Wirtschaftsminister' Goethe im Faust bereits voraus. Und da wir alle am Wachstum hängen und beteiligt sind, stehen wir auch alle mit Faust auf der Bühne[25].

Die Rechnung geht nach Anwerfen der Notenpresse auf: Das leicht zu handhabende Papiergeld, das man selbst zusammen mit einem Liebesbrieflein oder wie die Priester einfach im Brevier verstauen kann, ist sehr bequem (6103) und entfacht einen Konsumrausch mit anschließender Inflation, die Faust aber in der Maske des Plutus mit magischem Stab bändigen kann.

Historisches Vorbild von Mephistos New Economy ist die Bank von England, die Ende des 17. Jahrhunderts als erste Papiergeld ausgibt und die Grundlage für Englands Aufstieg zur Weltmacht legt. Ab 1718 arbeitet dann auch die französische Staatsbank mit Papiergeld.

Geld ist eine Sache. Der maroden Hofgesellschaft geht es aber nicht nur um Brot, sondern auch um Spiele: *Der Kaiser will, es muss sogleich geschehen,/ Will Helena und Paris vor sich sehen* (6183). Helena, eine Schönheit zum wahnsinnig werden (6500) und Paris, ein junger Beau, nach dessen süßem Küssemund (6455) sich die Hofdamen sehnen. Faust soll ein erotisches Lichtspiel „Raub der Helena" für die Voyeure der Hofgesellschaft im Rittersaal durch magische Öffnung einer Wand als Bühne mit Mephisto im Souffleurkasten inszenieren. Er holt dafür ihr Bildnis, *das schönste Bild von einem Weibe* (2436) aus dem Reich der Mütter. Doch obwohl Faust sie hier nicht nur wie bei ihrem Zauberbild in der Hexenküche von „Faust I" als Sexualobjekt sieht, gewinnt durch seine Eifersucht auf Paris die Erotik die Oberhand. Er will, er muss sie besitzen und versucht, sie Paris zu entreißen und aus der Laterna Magica in das irdische Leben herabzuziehen. Ein gelungenes Beispiel für Goethes erotische Poesie, von der einige

Abbildung 9: Von Faust und Mephisto organisiertes ‚Lust'-Spiel: Rittersaal des kaiserlichen Hofes. Dämmernde Beleuchtung. Paris und Helena auf der Bühne vor einem Tempel. Quelle: www.goethezeitportal.

Germanisten sogar als Phalologie sprechen[26]. Vergeblich warnt der Astrologe fassungslos: *Was tust du, Fauste! Fauste! – Mit Gewalt/ Fasst er sie an, schon trübt sich die Gestalt … Weh uns, wehe! Nu! Im Nu!* (6560). Zu spät: eine Explosion wirft Faust zu Boden, der in seiner Sehnsucht nach Helena paralysiert und ohnmächtig liegen bleibt. Mephisto nimmt ihn auf seine Schultern und kommentiert trocken und sauer: *Da habt ihr's nun! Mit Narren sich beladen/ Das kommt zuletzt dem Teufel selbst zum Schaden* (6564).

Mephisto und Faust hinterlassen am Kaiserhof ein Trümmerfeld, und das Reich zerfällt in Anarchie (10261). Auf ihren ökonomischen und magischen

Schwindel folgt nach den beiden Helena-Akten dann auch der Bürgerkrieg des 4. Aktes. Für manche Faust-Interpreten spielen sich die beiden Akte um Helena nur in Fausts Kopf, in seiner Vorstellung ab[27].

Zweiter Akt: Fahndung nach Helena

Wo ist sie? (7056) bedrängt Faust als Erstes Homunculus und Mephisto, als er in der klassischen Walpurgisnacht aus seinem ohnmachtsähnlichen Schlaf erwacht. Er kann und will nicht mehr ohne Helena leben: *Sie ist mein einziges Begehren! … Ich lebe nicht, kann ich sie nicht erlangen* (7412, 7445). Mehr als nachvollziehbar, denn Faust sieht nun in Helena vor allem das klassische Maß, das Schöngute Griechenlands. Das Gute ist aus sich schön und das Schöne notwendig gut. Die Zeiten der Helena als triebhafte Verführerin der Hexenküche oder des Lichtspiels um sie und Paris sind vorbei. Die Volksbuchtradition mit der grellen Sinnlichkeit Helenas hat ausgedient. Faust scheint ab jetzt mit ihr ins arkadisch freie Glück der sündlosen Kultur zurück zu wollen. Voraussetzung ist dafür freilich eine Läuterung Fausts, die sich schon bei seinem Erwachen andeutet: *Ich fühlte, … /Wie mich, den Schläfer, frisch ein Geist durchglühte,/ So steh' ich, ein Antäus an Gemüte* (7075). Goethe spielt hier sicher nicht nur auf die fast unbezwingbare Stärke des rund sechzig griechische Ellen (28,44 m) großen Riesen an, sondern auch auf dessen Vater Neptun, der für evolutionäre Entwicklung steht. Damit wird Fausts Blick frei für das „Du", für sein Gegenüber. Und er erkennt nicht nur Helenas klassische Ausgeglichenheit, sondern der drängende Stürmer Faust will auch so werden.

Es wird ein Mensch gemacht (6835), flüstert Wagner hingerissen, als seine Harnstoff-Kristallisation funktioniert und Homunculus entsteht. Ein künstliches Wesen aus der Retorte, das aus dem Naturprozess herausgenommen ist, Zeugung und die Mutter Natur sind überflüssig geworden. Gelingt damit nach der Verjüngung Fausts auch die Menschenproduktion? Noch nicht, denn Homunculus ist zunächst nur eine *Flamme, menschenähnlich zwar* (8104) in der Retorte, aber ohne menschlichen Leib, eher reiner Intellekt. Dass er als Dämon angesehen wird, verwundert nicht, auch nicht, dass er Mephisto mit Vetter anredet.

Homunculus liest in den Träumen des schlafenden Faust und erkennt seine Suche nach Helena, auch dass er der entkleideten Königin in seinem

Traum genussvoll beim Bade zuschaut (6903). Sofort schwingt er sich zum Reiseführer in die Antike auf und überführt ihn auf einem Zaubermantel zur Megaparty der klassischen Walpurgisnacht in Griechenland, natürlich um Helena zu finden: *Nordöstlich, Satan, ist dein Lustrevier,/ Südöstlich diesmal aber segeln wir* (6951), erklärt er dem ‚Griechenverächter' Mephisto (6972) und lockt ihn mit sinnlichen thessalischen Hexen. Wie versprochen geht es in der Walpurgisnacht nackt und unanständig zu (7082), *lustfeine Dirnen* (7235) erwarten Mephisto. So lustvoll und anarchisch, dass man zusammen mit dem begleitenden Erdbeben (7419) die klassische Walpurgisnacht als Allegorie der Französischen Revolution sehen kann.

Klar, dass Faust mithilfe Mantos, der Tochter Äskulaps, Hoffnung hat, seine Helena zu finden: *Den lieb' ich, der Unmögliches begehrt* (7488), eine Begrüßung Fausts, mit der Manto auf seinen utopischen Wunsch, Helena leibhaftig zu begegnen und den Zeitlauf zu durchbrechen, eingeht und ihn zur gemeinsamen Suche einlädt.

Lasst mich an eurer Seite gehen,/ Mir selbst gelüstet's zu entstehen (7857) bittet Homunculus die Naturphilosophen Thales und Anaxagoras, die Vertreter des Neptunismus und des Vulkanismus. Für Thales ist alles aus Wasser entstanden und wird alles durch Wasser erhalten, das ist seine Überzeugung, und er bittet das Weltmeer um sein *ewiges Walten* (8435). Eine Auffassung, die Goethe als Neptunist wegen der Berechenbarkeit, Vorhersagbarkeit und Erklärbarkeit der Vorgänge teilt. Vulkanismus dagegen gilt als unkalkulierbar, als sinnloser Zufall. Für Mephisto rechtfertigt man damit sogar revolutionäre gesellschaftliche Umwälzungen: *Sie gründen auch hierauf die rechten Lehren,/ Das Unterste ins Oberste zu kehren* (10088). Neptunismus steht damit für Evolution und Vulkanismus für Revolution, Wasser steht als Mutter gegen Feuer als Zeuger[28]. Sicher beleuchtet Goethe mit den beiden Naturphilosophen auch den zeitgenössischen Wissenschaftsstreit um den Vulkanismus und den Neptunismus[29].

Bei seiner Suche nach Verleiblichung vertraut sich Homunculus dem Wasser an. In Gestalt eines Delphins nimmt ihn Proteus auf seinen Rücken. Schnell treffen sie auf die anmutige Meeresgöttin Galathee, die sich auf ihrem Muschelwagen im Sternenglanz nähert. Homunculus ist von ihrer Schönheit geblendet (8458) und gibt sich der schönen Meeresgöttin, der Stellvertreterin der Aphrodite, von Liebe ergriffen hin. Dabei zerplatzt

Abbildung 10: Galathee und Homunculus in der Faust-Inszenierung von Peter Stein. Berlin und Wien 2001. Quelle: Ruth Walz, Berlin.

sein ihn bergender Glaskolben, seine lebensrettende „Raumkapsel"[30], an ihrem Muschelpanzer. Thales sieht das Zerschellen des fragilen Glaskolbens voraus, aber seine Warnungen kommen zu spät (8472). Der von Liebe Verblendete wird im Meer in Myriaden von Einzellern aufgelöst, und die Entwicklungsgeschichte der lebendigen Welt beginnt erneut. Ganz nach der Vorhersage der Evolution durch Proteus, die im Meer im Kleinen beginne (8260) bzw. von Thales, nach dem sie sich nach ewigen Gesetzen langsam bis zum Menschen hin entwickelt (8324).

Gut möglich, dass Raffaels „Der Triumph der Galatee" Goethe angeregt hat[31].

Dritter Akt: Vereinigung mit Helena

Wenn schon die klassische Walpurgisnacht keine sehr starke dramaturgische Zuarbeit im Sinne einer Handlungslogik leistet[32], dann erst recht nicht der Helena-Akt, den Goethe sogar 1827 als *Helena, Zwischenspiel zu Faust* veröffentlicht[33].

Der 3. Akt umfasst drei Szenen: „Vor dem Palast des Menelas zu Sparta", „Innerer Burghof" und „schattiger Hain". Von der Antike führt die Handlung damit über das Mittelalter bis zur klassisch-romantischen Epoche um 1800 und umspannt die gewaltige Zeitspanne von rund 3000 Jahren: von Troja bis zur Romantik. Das epische Nacheinander verwandelt sich dabei in dramatisches Nebeneinander.

Vor dem Palast des Menelas zu Sparta

Die stark bewunderte, aber ebenso oft gescholtene Helena (8488) kehrt nach ihrem Raub und ihrer Entführung durch Paris nach Troja zum elterlichen Palast in Sparta zurück. Eine so überwältigende strahlende Schönheit, dass für den Turmwächter Lynkäus mit ihrem Erscheinen die Sonne aufgeht: *Harrend auf des Morgens Wonne,/ Östlich spähend ihren Lauf,/ Ging auf einmal mir die Sonne/ Wunderbar im Süden auf* (9222). Lynkäus kann sie blenden und verzaubern, nicht aber die Haushüterin Phorkyas des Königs, die Helena mit ihrer enormen Hässlichkeit verschreckt und ihr ein viel zu lockeres mannstolles Vorleben vorhält. Sie habe mit ihrer über jedes Maß hinausgehenden Schönheit ihr ganzes Leben lang einen Mann nach dem anderen gewissenslos verführt (8845). Auch Helenas Chor gefangener Trojanerinnen kommt nicht ungeschoren davon, dazu ist er nach Phorkyas Geschmack zu *mannlustig* (8777) und verführerisch.

Helena ist anfangs nicht klar, was ihr Mann Menelas, der sie vom Hafen in den Palast vorgeschickt hat, für sie plant: die Rolle der Gattin, der Königin oder des Opfers, das sie bestellen soll? Umso stärker trifft sie die Enthüllung Phorkyas': *Königin du bist gemeint!/ … Fallen wirst du durch das Beil* (8925). Grund für die Opferung Helenas ist die Eifersucht Menelas auf ihr Vorleben: diese schöne Frau will und kann er einfach nicht mit anderen teilen (9061).

Als Phorkyas Rettung andeutet, greift Helena sofort zu (8963) und folgt Phorkyas mit ihrem Chor zur mittelalterlichen Burg – im letzten Moment, denn Menelas nähert sich bereits mit seinen bewaffneten Kriegern.

Innerer Burghof

Vor der herrlichen Gestalt/ Selbst die Sonne matt und kalt,/ Vor dem Reichtum des Gesichts/ Alles leer und alles nichts (9352): die Burggesellschaft kann gar nicht anders, sie liegt dieser betörenden Helena sofort zu Füßen, und Faust teilt seine Macht mit ihr, bestimmt sie zu seiner Mitregentin (9362).

Helena ist von Fausts Rede bezaubert, seine Reime haben es ihr angetan und üben eine erotische Anziehung auf sie aus[34], eine Wirkung, auf die auch der chilenische Schriftsteller Antonio Skarmeta gekonnt in seinem Neruda-Roman „Mit brennender Geduld“ setzt und den Dorf-Postboten mit Nerudas Hilfe die Wirtstochter mit Gedichten erobern lässt, ein Buch, das durch seine Verfilmung von Michael Radford (1994) weltberühmt geworden ist[35].

Für Helena liegt die Faszination darin, dass sich die Verse buchstäblich umschlingen und *liebkosen* (9367): eine sinnliche Sprechtechnik, die sie sofort lernen will, ja lernen muss. Faust ergreift sofort seine Chance und beginnt ihr dialogisches Sprachtraining:

> Faust: das sei ganz leicht, es müsse nur vom Herzen kommen. Und wenn die Sehnsucht überfließe, dann sehe man sich um und frage ....
> Helena: wer mit genieße.
> Faust: *Nun schaut der Geist nicht vorwärts, nicht zurück,/ Die Gegenwart allein –*
> Helena: *ist unser Glück.*
> Faust: *Schatz ist sie, Hochgewinn, Besitz und Pfand; Bestätigung, wer gibt sie?*
> Helena: *Meine Hand* (9378).

Diese erotische Reimhochzeit bereitet die Vereinigung von Helena und Faust vor: die Verschmelzung von Antike und Abendland zu einer Symbiose des Klassischen[36]. Goethe bestimmt in seinem Winckelmann Aufsatz den griechisch-klassischen Menschen durch drei Merkmale: seine heitere Diesseitigkeit, sein Eins sein mit der Natur und seine geistig-sinnliche Totalität[37]. Faust verkörpert bis zu seiner Läuterung[38] das Gegenteil: den melancholischen, unendlichkeitssüchtigen und in sich gespaltenen antiklassischen Menschen, der sich gegen den erfüllten Augenblick stellt. Damit ist nun Schluss: die Gegenwart, der Moment zählt: *Dasein ist Pflicht und wär’s ein Augenblick* (9418).

Auf geht’s zu dem „innigen Liebesduett“[39], zu dem arkadischen Wechselgesang der Beiden, in dem sogar ein Kind, Euphorion, geboren wird. Dazu ist ein erneuter Zeitsprung vom Mittelalter des inneren Burghofs in den schattigen Hain Arkadiens um 1800 notwendig (9172). Arkadien, das ist der arme Landstrich nicht weit nördlich von Sparta, den Vergil zu der Utopie eines idyllischen Naturreichs jenseits geschichtlicher Drangsale poetisiert hat. Jeder Mensch lebt beseligt in glücklicher Gegenwart. Der richtige Ort für Faust, den Helena in die Kunst, die Bedeutung des Augenblicks zu erkennen, eingeführt hat und weiter dazu anregt[40].

Analog zu Winckelmanns Lehre des anschauend reflektierenden Verweilens im Angesicht des Schönen[41], beruht Helenas Dasein auf Maß und klarer Kontur. Ihr ‚Ich' ist fest in Welt und Kosmos integriert. Die Gegenposition der Moderne, ihre Bewegungsdoktrin, ist durch das Antike gebändigt[42]. *Die Gegenwart allein – ist unser Glück* (9382), dieser gemeinsam beschworene Satz Fausts und Helenas bezeichnet ihr Lebensideal in Arkadien, die Wettformel mit dem Teufel wird damit von Goethe für diese Zeit außer Kraft gesetzt. Ein weiteres Indiz für den Charakter des Helena-Aktes als selbstständiges Zwischenspiel.

In dieses „Traumreich der griechischen Schönheit"[43] platzt dann ihr gemeinsamer Sohn Euphorion: der *Genius ohne Flügel* (9603), der exzentrische vorwärtsdrängende Romantiker, der maßlose himmelsstürmende Titan. Das leicht zu Erreichende, das interessiere ihn eigentlich nicht, nur das Erkämpfte beglücke ihn richtig (9781), lautet seine freche Devise. Er will immer höher hinaus (9821). Fliegen, das will er, das muss dieser maßlose Stürmer. Und blind vor Ehrgeiz wirft er sich in die Lüfte, stürzt und findet vor den Füßen seiner entsetzten Eltern sein tödliches Ende. Dieser sprunghafte und ekstatische Enthusiast ohne Flügel, der aber trotzdem fliegen möchte, ist vor seinem Tod, was Faust einmal war und was er nach dem Helena-Akt wieder sein wird.

„It's the final Countdown" spielt die Band „Europa" in Nicolas Stemanns Hamburger und Salzburger Faust-Inszenierung[44], als Helena Euphorion in die Unterwelt folgt und Bilanz zieht: Glück und Schönheit könne man einfach nicht auf Dauer vereinen, auch ihr Liebesband sei nun zerrissen. Voll Jammer bleibe ihr nur Abschied zu nehmen (9940).

Nach einer letzten Umarmung lässt Helena Faust zurück. Ihre Kleider lösen sich in Wolken auf und tragen Faust davon. Wieder einmal ist er gescheitert. Er kann den erfüllten Augenblick einfach nicht festhalten. Die Verbindung von Erfüllen und Begehren bleibt utopisch[45]: Faust muss

Abbildung 11: Abschied Helenas von Faust nach dem tödlichen Absturz ihres Sohnes Euphorion: Helena umarmt Faust zum letzten Mal, das Körperliche verschwindet und nur ihre Schleier bleiben in seinen Armen zurück. Am Boden liegen das Kleid und die Lyra ihres Sohnes. Quelle: www.goethezeitportal.

weiterdrängen. Die moderne Fortschrittsdynamik kann nur vorübergehend im Helena-Akt unterbrochen werden.

Vierter Akt politisches Wirken Fausts

Die Wolken tragen Faust horizontal über Land und Meer und setzen ihn nach Tagen im Hochgebirge ab. Die nach Osten abziehende Wolke teilt sich: in einem Teil erkennt Faust ein *göttergleiches* Frauenbild (10049), das Helena ähnelt, sich aber schnell auflöst und fernliegenden eisigen

Gebirgsmassiven ähnlich (10053) im Osten ruht. Ganz anders der zweite Wolkenteil: der umschwebt ihn auf angenehme, anregende und einschmeichelnde Weise (10056), der erhebt sich vertikal nach oben, löst sich nicht auf und lässt ihn Gretchen erkennen: ihre *Seelenschönheit*, die *das Beste* seines *Innern* mit sich fortzieht (10064). Das ist nicht mehr der blendende Liebreiz Helenas, die selbst in seinen Gedanken nicht mehr vorkommt, sondern viel mehr, eine höhere Schönheit, die *Seelenschönheit* Gretchens, die er vor seiner ersten Läuterung nicht erfassen konnte. Doch jetzt kann der frühere pure Egomane zum ersten Mal ihre altruistische Liebe erkennen, sehr wahrscheinlich macht die Nein-Sagerin des Kerkers, die ihre Schuld akzeptiert und daher verantwortungsvoll ihre Befreiung ablehnt, Faust auch zum Ja-Sager, zum Anerkenner seiner Mitschuld an dem Kindesmord und dem Tod von Gretchens Mutter und Bruder. Nach dem Helena-Akt bahnt sich damit eine zweite Läuterung an, die seine Überwindung des totalen Ich-Bezugs weiterführt und seine spätere Sozialutopie und Erlösung vorbereitet. Für Ulrich Gaier[46] handelt es sich sogar um die Vorwegnahme der Schlussverse des „Faust II“, man könne annehmen, dass Gretchen ihr Erlösungswerk schon hier beginne.

In dem Moment braust Mephisto in Siebenmeilenstiefeln heran und überspringt alle Naturbedingungen. Am Vulkanismus, den Mephisto vehement vertritt, denn schließlich sei er doch bei der vulkanischen Schaffung der Welt dabei gewesen (10107), und den Faust als närrisch abtut, bricht der alte Gegensatz Faust – Mephisto wieder auf: Vulkanist steht gegen Neptunist, der die *tollen Strudeleien* (10104) des Vulkanismus nicht braucht, sich wie Goethe über sie lustig macht.

Gerade weil der bessere Teil seiner Seele mit Gretchen nach oben steigt, kann Faust mit Mephisto den vulkanischen Höllenberg verlassen und sich wieder ins pralle Leben stürzen. Hier gilt für ihn wieder nur eins: das Evangelium der Tat, er nimmt sein Vorwärtsdrängen wieder auf, und die Läuterung wird erneut weitgehend ausgesetzt. Die Erde biete noch Raum für große Männerwerke, und er habe die Kraft dazu (10181). Landgewinnung aus dem Meer, die hat Faust nun im Sinn, davon schwärmt er Mephisto vor, der als kompetenter Berufs- beziehungsweise Unternehmensberater[47] sofort den Weg dahin aufzeigt: nach ihrer Befreiung des bedrängten Kaisers aus den Attacken seiner Feinde werde Faust mit Strand-Regionen belehnt werden, die grenzenlose Landgewinnung aus dem Meer ermöglichten (10304).

Dabei geht es mit Fausts Verbrechen gegen die Menschlichkeit zunächst nur in eine Richtung: abwärts. Die kann er aber nach seiner Erblindung und dritten Läuterung wieder korrigieren.

Herrschen und sich zugleich am Leben erfreuen (10251), lautet das auch für Faust und Goethe falsche Motto des jungen Kaisers. Das gehe einfach nicht zusammen, schreibt Goethe schon in seinen Maximen[48]. Damit kann der Kaiser nur sein Reich verspielen, das auch tatsächlich in Anarchie zerfällt. Immer mehr Getreue fallen von ihm ab und unterstützen den Gegenkaiser. Faust schlägt sich aus Opportunismus auf die Seite des alten Unrechts, Mephisto ernennt den Ökonomen des ersten Aktes aus „Faust II" schnell zum Obergeneral (10309) und stellt ihm seine brutalen Gefolgsleute Raufebold, Habebald und Haltefest zur Seite, eine Trinität der Gewalt, die sich in der Schlacht scheinbar multiplizieren und dem Gegner eine Menschenmasse vorspiegeln kann. Die ‚Kriegsführung mit Bildern' ist mit diesem Geisterheer geboren, eine verblüffende Antizipation Goethes[49]. Die beiden Helfer des Kaisers, Mephisto und sein Obergeneral, für die nur das Recht des Stärkeren gilt, führen auch weitere ganz neue Waffentechniken ein: satanische akustische Angriffe, die den Gegner total verschrecken (10780), Fluten ganzer Frontabschnitte und Einsatz greller optischer Mittel zur Blendung und Abschreckung der Gegner.

Doch wie bedenklich! ... Das scheint mir gar zu geisterhaft (10593), nörgelt zwar der Kaiser. Doch Falschspiel hin oder her: der Sieg wird akzeptiert und die Fürsten werden mit reichen Lehen und Titeln ruhig gestellt. Die neue Waffentechnik zieht keine neuen politischen Strukturen nach sich. Im Gegenteil, der Staat fällt in die Restauration zurück, Adel und Klerus bauen ihre Rechte aus und schwächen den Kaiser. Das Unrecht bleibt legalisiert.

Faust wird ebenfalls belehnt und kann seine Kolonisierung beginnen, angefeuert durch seinen Unternehmensberater Mephisto, der ihn dazu ständig animiert (11273). Zum Aufbau seines Imperiums stützt er sich auf Gewalt, auf seine drei Kumpanen Raufebold, Habebald und Haltefest, die für Gewalt, Habgier und Geiz stehen und als Seeräuber für Faust Beute machen[50].

Diesen vierten Akt schreibt Goethe nach Fertigstellung aller anderen ganz zum Schluss. Einleuchtend, dass er danach notiert: er könne sein weiteres Leben nun als *reines Geschenk* auffassen und es sei nach dem „Faust" wirklich völlig gleichgültig, ob und was er noch weiter schreibe[51].

Teufelspakt und Erlösungsproblematik – Äußerer Anstoß und innerer Antrieb bei Johann Wolfgang von Goethe

Ihr naht euch wieder, schwankende Gestalten!/ ... Ihr drängt euch zu! nun gut, so mögt ihr walten (1 ff.), notiert Goethe am Anfang seines „Faust I“ und spielt damit darauf an, dass ihn dieser Stoff nicht losgelassen hat und immer wieder einholt, besonders in den Wendepunkten seines Lebens. Gerade dann greift er wieder nach diesem Thema[1].

Ganz abgesehen von den äußeren Anstößen, die bereits früh mit seinem Puppenspiel um die Faustgeschichte[2] beginnen. Das 1587 in Frankfurt gedruckte Volksbuch vom „Doktor Faust“ Johann Scheibles, ein Warnbuch, das deutlich macht, was passieren kann, wenn man von Gott abfällt, inspiriert den jungen Goethe dann ebenso wie das Gemälde in Auerbachs Keller, das Faust rittlings auf einem Weinfass zeigt[3]. Der Teufelsbeschwörer erschreckt und fasziniert den jungen Goethe zugleich. Die öffentliche Hinrichtung von Susanna Margaretha Brandt am 14.1.1772 in Frankfurt vor Goethes Augen gibt einen weiteren entscheidenden Anstoß und bildet den Erfahrungshintergrund für die Gretchen-Tragödie. Bei den vielen Verbindungslinien des Prozesses zu Goethe verständlich: sein damaliger Freund und späterer Schwager Johann Georg Schlosser (1739–1799) wirkt als Anwalt am Prozess mit, und Goethes Onkel Johann Jost Textor ist Mitglied des Gerichtes und klärt mit dem Scharfrichter, ob die Verurteilte auch wirklich mit einem Schlag enthauptet werden könne. Dass Goethe in seiner Straßburger Lizentiatur in der 53. These die Todesstrafe verteidigt[4], kommt noch hinzu.

Der die Schuldige betreuende Arzt Johann Friedrich Metz hat auch Goethe nach seiner Rückkehr aus Leipzig behandelt[5]. Und schließlich: Schiller ermuntert ihn immer wieder in seinen Briefen, weiterzumachen, und Cotta lockt 1824 mit saftigen Honoraren[6].

Dass der Verfasser des „Werther“ 1808 mit Erscheinen des „Faust I“ für seine Leser zum Autor des „Faust“ wird, darauf ist hingewiesen worden, auch dass er selbst mit seinem ungestümen Forschungsdrang zur legendären Faustgestalt wird[7]. Dabei ist nicht nur an seine intensive Beschäftigung mit Hypothesen über die Entstehung der Welt, die ihn nach seiner Rückkehr aus Leipzig in Frankfurt in Bann halten und das Goldmachen mitumfassen[8], zu denken, sondern auch an seine umfangreiche Farbenlehre und die zusammen mit Zelter begonnene Tonlehre und natürlich an seinen um 1786 begonnenen „Roman des Weltalls". Diesen starken inneren Forschungsdrang teilt er vollständig mit Faust, wie er auch selbst einem Freund gesteht: seine Gefährten müssten ihm sein ungestümes Vorwärtspreschen nachsehen, das sei einfach so stark, dass er kaum Atem holen und zurückschauen könne[9].

Aber damit nicht genug: Faust und Goethe teilen neben dem ständigen Streben weitere Eigenschaften. Beide leben *im Fleische*, wie es Thomas Mann treffend für Goethe ausdrückt[10], und beide optieren für eine Sozialutopie, Faust erst am Ende seines Lebens, Goethe opfert bereits in den ersten zehn Weimarer Jahren sein Leben *ernsten Dingen*, seinen Aufgaben als Verteidigungs-, Verkehrs-, Bergbau- und Finanzminister[11] und träumt sich bei seinen amerikanischen Traumreisen in eine Sozialutopie hinein[12]. Goethe verteidigt mit seinem „Werther" den Suizid, den Faust fast begeht, und an ihrem Lebensende ist bei beiden eine gewisse *Altersvereisung* festzustellen[13], gepaart mit der resignativen Feststellung, dass wir nichts wissen können[14].

Weitgehend einig sind sich Goethe und sein Faust auch in der Ablehnung eines kirchlich getönten Jenseits. Nein, Goethes Altersausspruch *Dort oben sehen wir uns wieder* kann ebenso wenig wörtlich genommen werden wie die Schlussworte der „Wahlverwandtschaften" für das im Tod vereinte Paar Eduard und Ottilie: *und welch ein freundlicher Augenblick wird es sein, wenn sie dereinst wieder zusammen erwachen*[15]. Auch die christlich-traditionellen Bilder bei der Erlösung Fausts sind bloße Metaphern, die lediglich die Rezeption leichter machen sollen.

Und wer von Beiden lebt dem Anderen die Flucht in die kleine und die große Welt vor? Wohl eher Goethe seinem Faust, zum Beispiel mit seinen drei Schweizer Reisen (1775, 1779 und 1797) und seinen Italienaufenthalten 1786 bis 1788 und 1790, die zeitlich weit vor dem Erscheinen des „Faust I" 1808 liegen. Schon in der Schweiz zeigt sich Goethes unermessliche Phantasie. Als er auf dem Gotthard im Schnee eingeschlossen ist, träumt er sich in andere Regionen. Eine *außerordentlich lebhafte Einbildungskraft*, die ihm bereits Johann Kestner, der Wetzlaer Verlobte Charlotte Buffs, im Herbst 1772 bestätigt[16], und die sich immer wieder zeigt, zum Beispiel bei seinen Inspektionsritten in das Ilmenauer Bergwerk, bei denen sein Klepper unter ihm *eine herrliche Gestalt*, *unbezwingliche Luft und Flügel* bekommt und mit ihm davonfliegt[17].

Besonders mit seinen Traumreisen in die Neue Welt, die nach Nord- und Südamerika bis in die Karibik und Südsee führen[18] und die von seinen Kontakten mit den berühmtesten Reiseforschern seiner Zeit angeregt werden, ist er dann Faust weit voraus. Die Anstöße stammen vor allem von Georg Forster und Alexander von Humboldt, die er öfter trifft. Forster begleitet Kapitän Cook auf seiner zweiten Weltumseglung 1772 bis 1775 und begründet mit seinem Reisebericht die moderne Reiseliteratur. Alexander von Humboldt wird von Goethe 1794 in Jena stark beeinflusst und begeistert ihn mit seiner Lateinamerikaexpediton 1799 bis 1804 so nachhaltig, dass Goethe die Karte „die Höhen der Alten und der Neuen Welt" zeichnet. Humboldt wird sein Mentor, er lernt mit ihm zusammen in wenigen Stunden mehr als in Wochen bei spartanischem Selbststudium. Über John Mawe und den Vater des brasilianischen Bergbaus Wilhelm von Eschwege, der ihn allein fünfzehnmal in Weimar besucht, lernt er die brasilianischen Diamanten kennen. Der Brasilienforscher Prinz Wied zu Neuwied, der die Ostküste bis hoch zur Amazonasmündung bereist, benennt zwei brasilianische Malwenarten nach Goethe und bezaubert ihn mit seinem Reisebericht und seinen Zeichnungen, die Goethe nach Brasilien versetzen. Ganz zu schweigen von Spix und Martius, die ab 1817 die Ostküste und den Amazonas bereisen. Martius besucht Goethe nach seiner Expedition mehrfach und fesselt ihn mit seinem berühmten Palmenbuch. Dass Goethe auch über jeden Schritt der Wiener Brasilien-Expedition um die Prinzessin Leopoldine, die auf ihrem Weg in die Ehe mit dem brasilianischen Thronfolger von Naturforschern begleitet wird, informiert ist und selbst die geheimen Reiseaufträge kennt, versteht sich schon fast von selbst. Goethe diskutiert auch mit Begeisterung den Bremer Hafenausbau und die Planungen des Panamakanals. Carl Bernhard, der Bruder des Weimarer Herzogs Carl August, informiert ihn nach seiner Rückkehr aus Nordamerika über die amerikanischen Möglichkeiten, und viele Wissenschaftler der Universität Harvard besuchen ihn in Weimar.

Nur einen erwähnt er nicht, den „Grünen Baron" Georg Heinrich von Langsdorff, der Brasilien im Auftrag des Zaren Alexander I zwischen 1822 und 1829 bereist und über den er informiert sein musste. Der Grund für sein Schweigen: ein anderer Langsdorff kritisiert seine Farbenlehre mehr als scharf, und das scheint zu reichen, diesen Namen zu unterdrücken[19].

Abgesehen von den berühmten Reiseforschern, die Goethe fast alle besuchen, hat er seine ‚Spione' in der Welt, die ihm berichten wie Wilhelm von Humboldt vor allem aus Paris und Rom, der deutschstämmige französische Diplomat Graf Karl Friedrich Reinhard aus Frankfurt, Dresden und Kassel, Bettina von Arnim aus Frankfurt und sein Freund Karl Friedrich Zelter, der Musiker und Bauunternehmer, aus Berlin. Dazu kommen seine begeisterte Lektüre von Biografien und Reisebeschreibungen, seine internationale Münzsammlung und die internationale Literatur, die er mit viel Interesse verschlingt[20]. Er muss wahrlich nicht fahren, um etwas zu erfahren!

Und welche Vorstellung entwickelt er für die Neue Welt? Wenn man an die Sozialutopien in seinen „Wanderjahren" denkt, die den Fokus auf die Gemeinschaft und nicht auf das Individuum legen, oder an Fausts Kolonialreich, das an seinem Lebensende ebenfalls den Menschen dienen will, und wenn man die progressiven Vorschläge für die Anatomie-Ausbildung Wilhelm Meisters mit von Kunsthandwerkern erstellten Holzmodellen anstelle von Leichen hinzunimmt, die nur in der Neuen Welt akzeptiert wird, dann liegt nahe, an eine Gesellschaft zu denken, die ihre Identität durch sinnvolle, wie zum Beispiel kunsthandwerkliche Arbeit für die Gemeinschaft, festigt. Und das wohl eher im Rahmen einer konstitutiven Monarchie als in einer Demokratie[21].

Bei dieser leidenschaftlichen Beschäftigung mit der Neuen Welt liegt es mehr als nahe, dass sich dieses Interesse auch in Goethes eigenen Werken niederschlägt[22]: Wie gern sie einmal Humboldten erzählen hören möchte, vertraut Ottilie ihrem Tagebuch in den „Wahlverwandtschaften" an. Das ist zwar die einzige Stelle, an der einer der bekannten Lateinamerika-Reiseforscher mit Namen genannt wird, aber der Neue Kontinent taucht immer wieder auf: in „Hermann und Dorothea" steht Georg Forster als Weltumsegler und Freiheitsheld, der sich für die Französische Revolution einsetzt, Modell. In der nicht zu Ende geführten Erzählung „Reise der Söhne Megaprazons" scheint es bis in die Südsee zu gehen, das Fragment „Inkle und Jarico" entführt den Leser in die Karibik, in den Wilhelm-Meister-Romanen spricht Goethe von einem *lebhaften Trieb nach Amerika* und feiert die Reiseforscher, die trotz der großen lauernden Gefahren die Welt umrunden und ihre Entdeckungen packend beschrieben haben, mit einer ausführlichen Eloge. Eine Hommage, die sich in der „Marienbader Elegie" fortsetzt, hier werden die Naturforscher zu seinen *Weggenossen*. Ganz abgesehen von seinem „Faust II“, der mit seinem Landgewinn an die kolonialen Reiche in der Neuen Welt denken lässt. Alles Hinweise, die zeigen, wie stark Goethes innerer Antrieb ist, sich mit fernen Ländern und Fernreisen zu beschäftigen.

Und wenn schon Alexander von Humboldt in der „Vermessung der Welt“ von Daniel Kehlmann oder in Erich Frieds Gedicht „Guachero“ auftritt, dann muss doch auch Goethe mit seinem Wissensdurst auf ferne Länder als literarische Figur anzutreffen sein. Das ist auch der Fall, nicht nur in Thomas Manns „Lotte in Weimar“ oder in Martin Walsers „Ein liebender Mann“, sondern ganz besonders in Adolf Muschgs „Löwenstern“, einem Roman, in dem Goethe dem jungen Seeoffizier in russischen Diensten dringend empfiehlt, um die Welt nach Japan zu segeln und den Handel mit Japan aufzuschließen. Und Goethe geht noch weiter: wenn er jung wäre, dann würde er leidenschaftlich gern mitkommen. In Hector Chevignys „Lost Empire“ freut sich der langjährige Brasilienforscher Georg Heinrich von Langsdorff über einen Empfang bei Goethe in Weimar[23].

Besteht denn auch bei dem Teufelspakt eine Parallele zwischen Goethe und seinem Faust? Nein, nicht wenn man den Teufelspakt wörtlich nimmt. Wohl aber, wenn man genauer hinschaut, denn Goethe schließt auch einen Pakt mit seinem Herzog Carl August. Der ist natürlich kein Teufel, die Paktbedingung ist aber mehr als klar. Goethe hat sich als Minister um den Staat zu kümmern, er muss sich zwischen dem Poeten und Staatsmann aufteilen. Eine schwierige Doppelexistenz, die lange nicht immer gelingt, Goethe kommt in den ersten zehn Weimarer Jahren kaum noch zum Schreiben[24]. Ihm gelingt aber, nach der ersten römischen Reise (1786–1788) den Pakt zu lockern und genügend Zeit für seine schriftstellerische Arbeit zu gewinnen.

Man kann die beschriebenen Pakte vielleicht so zusammenfassen: wenn für Faust die Devise gilt ‚Du darfst den Augenblick nicht ganz genießen und in ihm aufgehen‘, dann für Goethe ‚Du darfst nicht nur schreiben‘, für Adrian Leverkühn ‚Du darfst nicht lieben‘ und für Hendrik Höfgen ‚Du darfst keine Kritik an dem NS-Regime üben‘. Bedingungen, die die ersten drei nicht erfüllen, im Grunde auch Höfgen nicht, denn seine kritischen Aktionen gegen die Nazis sind eher unspektakulär.

Statt eines Abspanns

Die Parallelbetrachtung der drei Werke von Johann Wolfgang von Goethe, Thomas Mann und Klaus Mann um den Teufelspakt und die Erlösungsproblematik führt zu einem ‚Geballten Faust'. Nicht aber zu der ‚geballten Faust' des protestierenden Lesers: der hat ja durch die Anlage des Buches verschiedene Einstiegsmöglichkeiten.

Für Faust-Anfänger empfiehlt sich der Start mit den Kapiteln, die die Wege zu den Pakten und der Erlösungsproblematik beschreiben, die Profis steigen sofort in die motivierenden Teufelspakte ein und lesen dann direkt die Erlösungskapitel. Die Abschnitte über die Wege zu diesen Höhepunkten dienen dann später eher der Vergewisserung.

Dieser Buchaufbau, der die Erlösungsproblematik ganz an den Anfang stellt, zieht nach sich, dass die Interpretation diese Frage ganz in den Vordergrund rückt, die ja auch die wichtigste und spannendste ist.

Trotzdem gibt es viele kleinere neue Aspekte, wie zum Beispiel die stärkere Betonung des Suizids von Klaus Mann als politischen Weckruf, die Widerlegung des Lichts in der Nacht am Ende des „Doktor Faustus" als Hoffnungszeichen oder der Hinweis auf die Farbe ‚blau' und die Erwähnung der Molltöne als uns anziehende, unsere Sehnsucht ankurbelnde Elemente hinter der Himmelskönigin Goethes, die die Verse: *Das Ewig-Weibliche/ Zieht uns hinan* (12110) verständlicher machen.

Wir sind Faust, behauptet der Titel des Buches und unterstellt viele Gemeinsamkeiten. Aber welcher Faust?

Der Goethes, der aufgrund seiner Selbsterlösung von unten, seines Flows und der Liebe von oben gerettet werden kann, der Faust Thomas Manns, der besonders aufgrund seiner Verantwortung für den Tod Echos nicht erlöst werden kann oder der Generalintendant Klaus Manns, der ebenfalls nicht befreit wird und im Fadenkreuz der Nazis künstlerisch unbefriedigt – seine Traumrolle, den Hamlet, hat er nicht überzeugend gefüllt – zusammenbricht. Ganz im Gegensatz zu seinem Modell Gustaf Gründgens, der nach dem Zweiten Weltkrieg bei seinem ersten Auftreten als „Snob" in Berlin am 3. Mai 1946 vom Publikum angenommen und frenetisch gefeiert wird, der aber wohl viele Jahre später auf seiner Weltreise in Manila Suizid begeht.

Abbildungsverzeichnis

Abkürzungen und Literaturangaben

Die Literaturangaben konzentrieren sich bei dem Übermaß an vorliegenden Titeln zu den drei behandelten Werken auf solche, die mich direkt bestärkt oder deren abweichende Interpretationen mich stimuliert haben.

Als Hintergrundinformation werden besonders folgende Titel empfohlen:

Dieter Borchmeyer, Goethe – der Zeitbürger. München 1999

Kurt Kreiler u. a., Thomas Mann und Familie. München 2017. CD's mit wichtigen Tondokumenten

Uwe Naumann, Klaus Mann mit Selbstzeugnissen und Bilddokumenten. Reinbek bei Hamburg [9]2001

Uwe Naumann (Hrsg.), „Ruhe gibt es nicht bis zum Schluss“, Klaus Mann (1906–1949). Reinbek bei Hamburg 1999

Oskar Negt, Die Faust-Karriere, vom verzweifelten Intellektuellen zum gescheiterten Unternehmer. Göttingen 2006

Rüdiger Safranski, Goethe. Kunstwerk des Lebens. Biographie. München 2013

Hans Rudolf Vaget, Seelenzauber. Thomas Mann und die Musik. Frankfurt 2006

Abkürzungen

Berger, Gustaf Gründgens
Renate Berger, Tanz auf dem Vulkan. Gustaf Gründgens und Klaus Mann. Darmstadt 2016

Besch, Reformation
Werner Besch, 500 Jahre Reformation – Zugleich der lange Weg zur gesamtdeutschen Schriftsprache. ZfdPH 136, Bd 2017, drittes Heft, S. 449–466

Böhm, Faust
Wilhelm Böhm, Faust der Nichtfaustische. Halle 1933

Borchmeyer, Goethe
Dieter Borchmeyer, Goethe – der Zeitbürger. München 1999

Breloer, Die Manns
Heinrich Breloer, Horst Königstein, Die Manns. Ein Jahrhundertroman. Frankfurt 2001

Bürgin, Thomas Mann
Hans Bürgin, Hans Otto Mayer, Thomas Mann, eine Chronik seines Lebens. Frankfurt 1965

Clark, Schlafwandler
Christopher Clark, Die Schlafwandler. Wie Europa in den Ersten Weltkrieg zog. München 2013

Detering, Doktor Faustus
Heinrich Detering u. a., (Hrsg.): Thomas Manns Doktor Faustus. Neue Ansichten, neue Einsichten. 2013

Deutsche Kolonien
Gisela Graichen u. a., Deutsche Kolonien. Traum und Trauma. Berlin 2005

Doktor Faustus
Thomas Mann, Doktor Faustus. Das Leben des deutschen Tonsetzers Adrian Leverkühn erzählt von einem Freunde. Frankfurt 1967

Entstehung
Thomas Mann, die Entstehung des Doktor Faustus, Roman eines Romans. Frankfurt 1967

Faust I
Johann Wolfgang von Goethe, der Tragödie erster Teil. Frankfurt ^{2}2011

Faust II
Johann Wolfgang von Goethe, der Tragödie zweiter Teil. Frankfurt 2010

Finger, Goethe
Evelyn Finger, Vorwärts zu Goethe, Zeit Online 20.3.2008

Fischer, Juli 1914
Fritz Fischer, Juli 1914. Wir sind nicht hineingeschlittert. Reinbek bei Hamburg 1983

Flickenschild
Elisabeth Flickenschildt, Kind mit roten Haaren. Hamburg 1971

Flow,
Mihaly Csikszentmihalyi, Flow, das Geheimnis des Glücks. Stuttgart 2017

Frankfurter Ausgabe
Thomas Mann, Gesammelte Werke I-XIII. Frankfurt 1960–1974

Frido Mann, Echo
Frido Mann, „Echo“ zwischen Tod und Leben. Betrachtungen zum Verhältnis von Figur und Modell in Thomas Manns „Doktor Faustus“. Lübeck 1998

Friedenthal I
Richard Friedenthal, Goethe, sein Leben und seine Zeit, Bd. 1. München 1968

Friedenthal II
Richard Friedenthal, Goethe, sein Leben und seine Zeit, Bd. 2. München 1968

Gaier, Goethe
Ulrich Gaier, Johann Wolfgang von Goethe, Faust-Dichtungen, Band 2. Stuttgart 1999

Goethe und Eckermann
Johann Peter Eckermann, Gespräche mit Goethe. In den letzten Jahren seines Lebens. Hrsg. v. Fritz Bergemann. Insel Verlag 1955

Gutjahr, Faust I/II
Ortrud Gutjahr, Faust I/II. Würzburg 2012

Hamburger Ausgabe
Johann Wolfgang von Goethe, Werke, Hamburger Ausgabe in 14 Bänden. Erich Trunz (Hrsg.), 1988

Heller, Thomas Mann
Erich Heller, Thomas Mann. Der ironische Deutsche. Frankfurt 1959

Höcherl, Klaus Mann
Katrin Höcherl, Ein Leben im Dazwischen. Klaus Mann nach 1945. Lüneburg ²2004

Jäger, Gewimmel
Michael Jäger, solch ein Gewimmel möchte ich sehen, Fausts Utopie der Weltkolonisation. In: Ortrud Gutjahr, Faust I/II. Würzburg 2012

Jäger, Global Player Faust
Michael Jäger, Global Player Faust oder das Verschwinden der Gegenwart. 2013

Jäger, Fausts Kolonie
Michael Jäger, Fausts Kolonie. 2004

Julia Mann, Erinnerungen
Julia Mann, ich spreche so gern mit meinen Kindern. Erinnerungen. Berlin ^{4}2008

Keller, Faust II
Werner Keller, Aufsätze zu Goethes Faust II. 1991

Klaus Mann, Tagebücher
Klaus Mann Tagebücher, hrsg. von Joachim Heimannsberg u. a., 6 Bände. München 1989–1991

Klaus Mann, Der Vulkan.
Klaus Mann, Der Vulkan. Roman unter Emigranten. Amsterdam 1939

Köster, Die Kunst macht blau
Theresa Köster, Die Kunst macht blau: Das Schirnmagazin auf der Suche nach der Farbe Blau in der Kunstgeschichte, SchirnMag vom 24.2.2016

Kreiler, Thomas Mann
Kurt Kreiler u. a., Thomas Mann und Familie. München 2017. CD's mit wichtigen Tondokumenten

Krüll, Zauberer
Marianne Krüll, Im Netz der Zauberer. Eine andere Geschichte der Familie Mann. Frankfurt 1993

Kuschel, Mutterland
Karl-Josef Kuschel u. a., Mutterland. Die Familie Mann und Brasilien. Düsseldorf 2009

Lahme, Briefe
Tilman Lahme u. a. (Hrsg.), Die Briefe der Manns, ein Familienporträt. Frankfurt 2016

Lotte in Weimar
Wikipedia unter Lotte in Weimar, Kapitel Rezeption des Romans

Maximen und Reflexionen
Johann Wolfgang von Goethe, Maximen und Reflexionen. 1820, dtv. 21

Mephisto
Klaus Mann, Mephisto, Roman einer Karriere. Reinbek bei Hamburg 1981

Michael Mann, Das Thomas Mann-Buch
Michael Mann (Hrsg.), Das Thomas Mann-Buch. Eine innere Biografie in Selbstzeugnissen. Frankfurt 1965

Muschg, Goethe
Adolf Muschg, der Schein trügt nicht – über Goethe. Frankfurt 2004

Naumann, Klaus Mann
Uwe Naumann, Klaus Mann mit Selbstzeugnissen und Bilddokumenten. Reinbek bei Hamburg ^{9}2001

Naumann, Ruhe
Uwe Naumann (Hrsg.), „Ruhe gibt es nicht bis zum Schluss", Klaus Mann (1906–1949). Reinbek bei Hamburg 1999

Negt, Faust-Karriere
Oskar Negt, die Faust-Karriere, vom verzweifelten Intellektuellen zum gescheiterten Unternehmer. Göttingen 2006

Plachta, Mephisto
Bodo Plachta, Klaus Mann, Mephisto. Stuttgart 2008

Point de rencontre
Klaus Mann, Point de rencontre à l'infini, Paris 2010

Religion im Exil
Religion im Exil: der Unitarier Thomas Mann. Welt Digital Zeitung, 1.12.2012, Rezension von Heinrich Detering, Thomas Manns amerikanische Religion. Frankfurt 2012

Rüenauver
Uta Rüenauver, von Kopf bis Fuß auf Liebe eingestellt. FAZ 20.6.2006

Safranski, Goethe
Rüdiger Safranski, Goethe. Kunstwerk des Lebens. Biographie. München 2013

Schafarschick, Goethe
Walter Schafarschick, Johann Wolfgang Goethe, Faust II. Stuttgart 2008

Schmidt, Goethes Faust
Jochen Schmidt, Goethes Faust, Teil 1. 2001

Spangenberg, Karriere
Eberhard Spangenberg, Karriere eines Romans. Mephisto, Klaus Mann und Gustaf Gründgens. München 1982

Strauss, Klaus Mann
Dieter Strauss, Dominique L. Miermont, Klaus Mann et la France, un destin d'exil. Paris 2002

Strauss, Diesseits von Goethe
Dieter Strauss, Diesseits von Goethe, Deutsche Kulturbotschafter im Aus- und Inland. Sankt Augustin bei Bonn 2009

Strauss, Langsdorff
Dieter Strauss, Der grüne Baron. Georg Heinrich von Langsdorff, der Humboldt Brasiliens, und seine Expedition von Rio de Janeiro zum Amazonas 1822–1829. Frankfurt 2012

Strauss, Julia Mann
Dieter Strauss u. a. (Hrsg.), Julia Mann. Brasilien, Lübeck, München. Lebensstationen der Mutter von Heinrich und Thomas Mann. Lübeck 1999

Strauss, Goethes Wanderjahre
Dieter Strauss, Goethes Wanderjahre in Lateinamerika und der Südsee. Frankfurt 2014

Strauss, Schiffsmeldungen

Dieter Strauss, Schiffsmeldungen. Über Curt Meyer-Clason und seinen Verrat von Schiffen der Alliierten an die Nazis. Mare, die Zeitschrift der Meere 118, Oktober/November 2016

Thomas Manns Ansprachen
Thomas Manns Ansprachen im Goethe – Jahr. Ges. Werke Bd. 11, hrsg. v. Hans Bürgin und Peter de Mendelsson. Frankfurt 1974

Thomas Mann über Goethe
Wolfgang Mertz (Hrsg.), Zutrauliche Teilhabe, Thomas Mann über Goethe. Frankfurt 1999

Thomas Mann, Leiden
Thomas Mann, Leiden und Größe der Meister. Frankfurt 1957

Vaget, Seelenzauber
Hans Rudolf Vaget, Seelenzauber. Thomas Mann und die Musik. Frankfurt 2006

Vogt, Klaus Mann
Klaus Vogt (Hrsg.), Klaus Mann – Eduard Bargheer, zwei deutsche Emigranten im befreiten Florenz 1944–1945. Florenz 2004

Richard Wagner,
Richard Wagner. Die Münchner Zeit (1864–1865). Hrsg. von der Bayrischen Staatsbibliothek, Autorinnen Sabine Kurth u. a. München 2013

Weber, Goethes Faust
Albrecht Weber, Goethes Faust – Noch und Wieder? 2005

Wendepunkt
Klaus Mann, Der Wendepunkt, ein Lebensbericht. Reinbek bei Hamburg [2]2008

Wunderland
Wilhelm Wendland, im Wunderland der Papuas. 1939

Literaturangaben

Ouvertüre zum Thema „Faust“

1. Thomas Manns Ansprachen, 494.
2. Lotte in Weimar, Kapitel Rezeption.
3. Friedenthal II, 695.
4. Friedenthal II, 683.
5. Friedenthal II 683.
6. Safranski, Goethe, 470.
7. Klaus Mann, Tagebücher, 14.12.1947.
8. Rüenauver beschreibt in dem FAZ-Artikel das „Diamond Lotus Institut“ zur Befreiung von sexuellen Problemen Ludvik Manns in Berlin.

Der Teufelspakt

1. Mephisto, 229. Die Seitenangaben zu Klaus Manns „Mephisto“ werden ab hier im Fließtext in Klammern angegeben.
2. Der Nachweis, dass es sich um einen Schlüsselroman handelt, wird in dem Erlösungskapitel zu Klaus Mann geführt.
3. Entstehung, 820.
4. Entstehung, 832.
5. Entstehung, 829.
6. Entstehung, 684 und 785.
7. Thomas Mann an Hans Reisiger 4.9.1947.
8. Faust I, 1253 ff. Die Versangaben zu Faust I werden ab hier im Fließtext angegeben.
9. So auch Safranski, Goethe, 611.

Die Erlösungsproblematik

1. Faust II, 10221. Die Versangaben zu Faust II werden ab hier im Fließtext angegeben.
2. Deutsche Kolonien, 194 und Wunderland, 31.
3. Maximen und Reflexionen, 241.
4. Jaeger, Gewimmel, 601 f.
5. Goethes Wanderjahre, 35 ff. und 84 ff.
6. Hamburger Ausgabe 10, 358.
7. Safranski, Goethe, 424.
8. In der Rückschau erschien Goethe auch sein Götz als Beispiel *eines rohen, wohlmeinenden Selbsthelfers,* Safranski, Goethe, 105.
9. Vgl. Strauss, Dieseits von Goethe, 73 ff. und Strauss, Langsdorff, 118 ff.
10. Vgl. meine Interpretation des zweiten und vierten Aktes von Faust II.
11. Flow, besonders 73 ff., 120 ff., 153 ff., 185 ff., 224 ff.

12. Flow, besonders 74 ff., 95, 101, 124, 133.
13. Gutjahr, Faust I/II, 24 und 243.
14. Friedenthal II, 683.
15. Keller, Faust II, 334.
16. Strauss, Klaus Mann, 144.
17. Friedenthal II, 679.
18. Friedenthal II, 701.
19. Gaier, Goethe, 675.
20. Goethe bezeichnet sich Lavater gegenüber als *dezidierten Nicht-Christen,* Friedenthal II, 634.
21. Vgl. Dürers „Das Sonnenweib und der siebenköpfige Drache".
22. Vgl. dazu auch Safranski, Goethe, 531.
23. Farbenlehre § 780 f., nach Gaier, Goethe 1151.
24. Köster, Die Kunst macht blau, SchirnMag vom 24.2.2016.
25. Wandzitat in der Frankfurter Bonnard/Matisse Ausstellung des Städel-Museums 13.9.2017–14.1.2018.
26. Goethe an Eckermann 12.2.1829.
27. Borchmeyer, Goethe, 280 ff.
28. Zu den mütterlichen Rhythmen vgl. Flow, 177.
29. Besch, Reformation, 449 ff.
30. Goethe und Eckermann, 6.5.1827.
31. Schafarschick, Goethe, 532.
32. Finger, Goethe, 1.
33. Jaeger, Gewimmel, 595 ff., dort gute Zusammenfassung der Erlösungskritik.
34. Gaier, Goethe, 110.
35. Gutjahr, Faust I und II, 204.
36. Jäger, Global Player Faust, 402 und Jäger, Gewimmel, 606.
37. Vgl. dazu auch Böhm, Faust.
38. Jäger, Global Player Faust, 121.
39. Safranski, Goethe, 621.
40. Negt, Faust-Karriere, 122.
41. Negt, Faust-Karriere, 107.
42. Negt, Faust-Karriere, 114.
43. Negt, Faust-Karriere, 124.
44. Gutjahr, Faust I/II, 262.
45. Borchmeyer, Goethe, 353.
46. Finger, Goethe, 3.
47. Schafarschick, Goethe, 24.
48. Frankfurter Ausgabe, XI, 481–497.
49. Muschg, Goethe, 94.
50. Muschg, Goethe, 173.
51. Muschg, Goethe, 29.
52. Muschg, Goethe, 177.

Wird Thomas Manns Adrian Leverkühn gerettet?

1. Detering, Doktor Faustus, 53.
2. Entstehung, 829.
3. Entstehung, 787.
4. Doktor Faustus, 659 ff.
5. Entstehung, 827.
6. Thomas Mann über Goethe, 118.
7. Entstehung, 739.
8. Doktor Faustus, 651.
9. Doktor Faustus, 676.
10. Doktor Faustus, 676.
11. Entstehung, 830.
12. Detering, Doktor Faustus 54.
13. Doktor Faustus, 667.

Wird Klaus Manns Hendrik Höfgen gerettet?

1. Wendepunkt, 467.
2. Plachta, Mephisto, 196.
3. Plachta, Mephisto, 194 ff.
4. Klaus Mann, Tagebücher, 21.12.1935.
5. Klaus Mann, Tagebücher, 25.12.1935.
6. Klaus Mann, Tagebücher, 6.1.1936.
7. Klaus Mann, Tagebücher, 29.4.1936.
8. Spangenberg, Karriere, 173 f. und Strauss, Klaus Mann, 177.
9. Strauss, Klaus Mann, 177.
10. Plachta, Mephisto, 197.
11. Plachta, Mephisto, 199 ff.
12. Wendepunkt, 222.
13. Flickenschildt, 133 ff.
14. Klaus Mann, Tagebücher, 6.1.1936 und 14.1.1936.
15. Plachta, Mephisto, 199 ff.
16. Mephisto, 336.
17. Mephisto, 306.
18. Mephisto, 309.
19. Mephisto, 340.
20. Mephisto, 262.
21. Mephisto, 344.
22. Mephisto, 344.
23. Vgl. die Kreuzigungsgeste Adrian Leverkühns, die im Kapitel „Wird Thomas Manns Adrian Leverkühn gerettet?“ beschrieben ist.
24. Elisabeth Mann beschreibt diese Szene in dem Buch von Breloer, Die Manns, 112.

Klaus Mann

Der Weg Hendrik Höfgens in den Teufelspakt und die Erlösungsproblematik

1. Plachta, Mephisto, 160.
2. Mephisto, 31.
3. Mephisto, 40.
4. Plachta, Mephisto, 38 und 76.
5. Mephisto, 64.
6. Mephisto, 67 ff.
7. Mephisto, 78.
8. Mephisto, 94.
9. Mephisto, 113.
10. Mephisto, 135.
11. Mephisto, 159.
12. Mephisto, 187.
13. Mephisto, 199.
14. Mephisto, 281.
15. Mephisto, 232.
16. Höcherl, Klaus Mann, 133.
17. Klaus Mann, Tagebücher, 30.9.1948.
18. Klaus Mann Tagebücher, 10.12.1948.
19. Klaus Mann Tagebücher, 1.1.1949.
20. Höcherl, Klaus Mann, 136.
21. Spiegel 51, 17.12.2001.
22. Lahme, Briefe, 344 ff., Brief Klaus Manns vom 15.5.1949; 349. ff., Brief Klaus Manns vom 20.5.1949.
23. Point de recncontre, 13, Vorwort von Pierre Assouline.
24. Klaus Mann, Tagebücher, 12.4.1944.
25. Strauss, Klaus Mann, 159.
26. Strauss, Klaus Mann, 159.
27. Höcherl, Klaus Mann, 61.
28. Klaus Mann, Tagebücher 7.3.1932, 26.7.1932 und 8.1.1933.
29. Höcherl, Klaus Mann, 50.
30. Höcherl, Klaus Mann, 69 f.
31. Naumann, Klaus Mann, 31 und Höcherl, Klaus Mann, 68.
32. Wendepunkt, 125.
33. Höcherl, Klaus Mann, 125.
34. Klaus Mann, Tagebücher, 20.6.1937.
35. Höcherl, Klaus Mann, 137.
36. Naumann, Klaus Mann, 134.
37. Krüll, Zauberer, 404.

38. Naumann, Klaus Mann, 128, 134, Höcherl, Klaus Mann, 134.
39. Höcherl, Klaus Mann, 71.
40. Höcherl, Klaus Mann, 144.

Teufelspakt und Erlösungsproblematik: äußerer Anstoß und innerer Antrieb bei Klaus Mann

1. Spangenberg, Karriere, 67.
2. Spangenberg, Karriere, 67.
3. Spangenberg, Karriere, 64.
4. Spangenberg, Karriere, 68 f.
5. Vgl. den Nachweis, dass es sich um einen Schlüsselroman handelt in dem Kapitel „Wird Klaus Manns Hendrik Höfgen gerettet?"
6. Strauss, Klaus Mann, 158, Wendepunkt, 222.
7. Strauss, Klaus Mann, 142 f., Naumann, Klaus Mann, 48 und Naumann, Ruhe, 108 f.
8. Berger, Gustaf Gründgens, 56.
9. Nauman, Klaus Mann, 29, 48.
10. Naumann, Klaus Mann, 18 f.
11. Wendepunkt, 164.
12. Wendepunkt, 169.
13. Faust I, Vers 2271.
14. Wendepunkt, 311.
15. Wendepunkt, 287.
16. Naumann, Klaus Mann, 45.
17. Naumann, Klaus Mann, 57.
18. Wendepunkt, 397.
19. Strauss, Klaus Mann, 156 f.
20. Strauss, Klaus Mann, 157.
21. Point de rencontre, 31.
22. Point de rencontre, 35.
23. Point de rencontre, 92.
24. Point de rencontre, 109.
25. Point de rencontre, 110.
26. Point de rencontre, 148.
27. Point de rencontre, 193.
28. Point de rencontre, 211.
29. Point de rencontre, 216.
30. Point de rencontre, 249.
31. Wendepunkt, 456.
32. Wendepunkt, 456.
33. Wendepunkt, 515.
34. Klaus Mann, Der Vulkan, 522, 548, 554, Naumann, Klaus Mann, 100.

35. Naumann, Klaus Mann, 45.
36. Strauss, Klaus Mann, 151.
37. Strauss, Klaus Mann, 151 f.
38. Wendepunkt, 509.
39. Wendepunkt, 509.
40. Wendepunkt, 510.
41. Wendepunkt, 510.
42. Strauss, Klaus Mann, 163, 153.
43. Vogt, Klaus Mann, 17 f.
44. Naumann, Klaus Mann, 121.
45. Höcherl, Klaus Mann, 29.
46. Wendepunkt, 682.
47. Wendepunkt, 669 f.
48. Wendepunkt, 671.
49. Wendepunkt, 673.
50. Wendepunkt, 673.
51. Naumann, Klaus Mann, 125.
52. Höcherl, Klaus Mann, 125.
53. Klaus Mann, Tagebücher, 18.3.1949.
54. Strauss, Klaus Mann, 180.
55. Strauss, Klaus Mann 180.

Thomas Mann

Der Weg Adrian Leverkühns in den Teufelspakt und die Erlösungsproblematik

1. Die Seitenzahlen im Fließtext beziehen sich auf den „Doktor Faustus“ von Thomas Mann.
2. Kreiler, Thomas Mann, 34 ff., CD mit den Reden „Deutsche Hörer“.
3. Kuschel, Mutterland, 70 ff., Beschreibung von Julias Salon bei Strauss, Julia Mann, 77.
4. Frido Mann, Echo, 11.
5. Frido Mann, Echo, 11 und 24.
6. Vgl. das Erlösungskapitel zum „Doktor Faustus“.
7. Clark, Schlafwandler.
8. Julia Mann, Erinnerungen, 241 f., Brief an Heinrich vom 1.10.1914.
9. Fischer, Juli 1914.
10. Strauss, Schiffsmeldungen, 86–89.
11. Entstehung, 700 f.
12. Detering, Doktor Faustus, 18, Brief Thomas Mann an Hans Reisiger 4.9.1947.
13. Borchmeyer, Goethe, 281.
14. Borchmeyer, Goethe, 280.

15. www.lichtkreis.at über die Kraft der Farbe blau.
16. Vgl. dazu und zu der Wirkung von Musik Flow, 174 ff.
17. Borchmeyer, Goethe, 289. Richard Wagner, 49.
18. Vaget, Seelenzauber, 130.
19. Vaget, Seelenzauber, 130.
20. Vaget, Seelenzauber, 197. Siehe auch: Andrea Zedler, Michael Walter, Richard Strauss, Salome in Graz, 2014 und Robert Engele, Graz im Jahre 1906, Skandal um Salome-Aufführung, Kleine Zeitung/Steiermark 21.4.2017.
21. Vaget, Seelenzauber, 137.
22. Flow, 254.
23. Flow, 267.
24. Flow, 289.
25. Vaget, 25 und 97 ff. zur Musikheimat, Vaget 319 zu Bayreuth.
26. Vaget, Seelenzauber, 412.
27. Vgl. dazu auch Vaget, Seelenzauber, 35.
28. So auch Vaget, Seelenzauber, 26 f., 125.
29. Vgl. auch Vaget, Seelenzauber, 124.
30. Vgl. dazu die Besprechung der Einspielung dieses Streichtrios durch das Trio Zimmermann von Harald Eggebrecht in der SZ vom 1.9.2017.
31. Entstehung, 738.
32. Dosio Koffler, die deutsche Walpurgisnacht: ein Spiel in 5 Szenen. 1941.
33. Thomas Mann, Tagebuch, 19.9.1939, 21.9.1942.
34. Entstehung, 775.
35. Entstehung, 769.
36. Entstehung, 755, 835.
37. Detering, Doktor Faustus, 24.
38. Frankfurter Rundschau, 17.8.1945.
39. FAZ, 6.6.1950.
40. Entstehung, 824.
41. Kreiler, Thomas Mann, 112, (Rede: Goethe und die Demokratie, 29.7.1949).
42. Detering, Doktor Faustus, 109.
43. Kreiler, Thomas Mann, 118 (Gespräch mit Pierre Barbier).

Teufelspakt und Erlösungsproblematik – äußerer Anstoß und innerer Antrieb bei Thomas Mann

1. Kreiler, Thomas Mann, 62–67.
2. Kreiler, Thomas Mann, 66 f.
3. Michael Mann, das Thomas Mann-Buch, 13.
4. Thomas Mann über Goethe, 79 ff.
5. Bürgin, Thomas Mann, 97.
6. Thomas Mann über Goethe, 79 ff.

7. Bürgin, Thomas Mann, 132, 135.
8. Thomas Mann über Goethe, 87.
9. Bürgin, Thomas Mann, 96.
10. Thomas Mann über Goethe, 83.
11. Bürgin, Thomas Mann, 218.
12. Thomas Mann über Goethe, 156.
13. Thomas Mann, Leiden, 7 ff.
14. Bürgin, Thomas Mann, 228.
15. Bürgin, Thomas Mann, 244.
16. Bürgin, Thomas Mann, 246 f.
17. Thomas Mann, Leiden, 10.
18. Entstehung, 816.
19. Michael Mann, das Thomas Mann-Buch, 42.
20. Entstehung, 817.
21. Entstehung, 692.
22. Entstehung, 783.
23. Thomas Mann, Leiden, 15.
24. Thomas Mann, Leiden, 13, Thomas Mann über Goethe, 168.
25. Religion im Exil, Rezension von Heinrich Detering, Thomas Manns amerikanische Religion.
26. Thomas Mann, Leiden, 9.
27. Thomas Mann, Leiden, 29.
28. Thomas Mann, Leiden, 33.
29. Heller, Thomas Mann, 12.
30. Thomas Mann über Goethe, 118.
31. Michael Mann, das Thomas Mann-Buch, 42.
32. Kreiler, Thomas Mann, 119 f. (Thomas Mann im Gespräch mit Pierre Barbier).
33. Thomas Mann, Leiden, 29.
34. Bürgin, Thomas Mann, 157.
35. Michael Mann, das Thomas Mann-Buch, 12.
36. Thomas Mann über Goethe, 118.
37. Bürgin, Thomas Mann, 111.
38. Bürgin, Thomas Mann, 99.
39. Bürgin, Thomas Mann, 113.
40. Bürgin, Thomas Mann, 118 f.
41. Michael Mann, das Thomas Mann-Buch, 13.
42. Vgl. zu den Aktivitäten Bürgin, Thomas Mann, 189 f., 208, 216, 220 f.
43. Entstehung, 783, Bürgin, Thomas Mann, 171.
44. Bürgin, Thomas Mann, 205.
45. Bürgin, Thomas Mann, 175.
46. Michael Mann, das Thomas Mann-Buch 43.

Johann Wolfgang von Goethe

Der Weg von Goethes Faust in den Teufelspakt und die Erlösungsproblematik

1. Borchmeyer, Goethe, 337.
2. Friedenthal I, 277.
3. Safranski, Goethe, 605.
4. Safranski, Goethe, 123, vgl. zur Entstehungsgeschichte des „Faust“ auch Schmidt, Goethes Faust.
5. Faust I, Vers 1754. Die Verszeilen werden ab hier im Fließtext angegeben.
6. Gutjahr Faust I/II, 48.
7. Strauss, Goethes Wanderjahre, 35 ff.
8. Jäger, Fausts Kolonie, 262.
9. Vgl. auch Gaier, Goethe, 103.
10. Vgl. auch Safranski, 611.
11. Vgl. das ausführliche Kapitel „Der Teufelspakt“.
12. Vgl. auch Gaier, Goethe, 267.
13. Schafarschick, Goethe, 30.
14. Gaier, Goethe, 291 ff., 333.
15. Gaier, Goethe, 389.
16. So auch Gaier, Goethe, 455.
17. Goethe zu Eckermann, 21.2.1831.
18. Gaier, Goethe, 468 ff.
19. Faust I, 155. Die Szene „Trüber Tag, Feld“ verfügt über keine Verszahlen.
20. Auch Safranski, Goethe, 620 spricht von Heilschlaf.
21. Gaier, Goethe, 542.
22. Schafarschick, Goethe, 6.
23. Gaier, Goethe, 536.
24. Jäger, Gewimmel, 299.
25. Gutjahr, Faust I/II, 85.
26. Nach Borchmeyer, Goethe, 260.
27. So zum Beispiel für Gaier, Goethe, 558 und 796.
28. Gaier, Goethe, 136.
29. Gaier, Goethe, 790.
30. Muschg, Goethe, 23.
31. Gaier, Goethe, 814.
32. Gutjahr, Faust I/II, darin: Alexander Honold, Elementartheater. Walpurgisnacht und klassische Walpurgisnacht. Honold spricht der klassischen Walpurgisnacht sogar jede Zuarbeit ab, 157.
33. Gaier, Goethe, 823.
34. Gaier, Goethe, 886.

35. Antonio Skarmeta (geb. 7.11.1940) ist chilenischer Schriftsteller und Diplomat. Er war von 2000 bis 2003 Botschafter Chiles in Berlin. Sein Roman „Mit brennender Geduld“ erschien 1984.
36. Gaier, Goethe, 833.
37. Jäger, Gewimmel, 621.
38. Faust II, Vers 7075 ff.
39. Friedenthal II, 706.
40. So auch Jäger, Gewimmel, 192.
41. Jäger, Global Player Faust, 115.
42. Vgl. dazu Jäger, Gewimmel, 192 und Jäger, Global Player Faust, 111.
43. Friedenthal II, 703.
44. Nicolas Stemanns Hamburger und Salzburger Inszenierung des Faust I und II aus dem Jahre 2011.
45. Weber, Goethes Faust, 216.
46. Gaier, Goethe, 934.
47. So auch Negt, Faust-Karriere, 191 und Safranski, Goethe, 604.
48. Goethes Maximen und Reflexionen Nr. 966, nach Gaier, Goethe, 985.
49. So auch Safranski, Goethe, 618.
50. Borchmeyer, Goethe, 350.
51. Gaier, Goethe, 930.

Teufelspakt und Erlösungsproblematik – äußerer Anstoß und innerer Antrieb bei Johann Wolfgang von Goethe

1. Safranski, Goethe, 422.
2. Friedenthal I, 27.
3. Safranski, Goethe, 602.
4. Safranski, Goethe, 121.
5. Safranski, Goethe, 120.
6. Safranski, Goethe, 601 f.
7. Friedenthal II, 560.
8. Safranski, Goethe, 73.
9. Safranski, Goethe, 122.
10. Thomas Mann, Leiden, 9.
11. Thomas Mann, Leiden 23, Safranski, Goethe, 311.
12. Näheres vgl. weiter unten in diesem Kapitel bei Goethes Gedankenreisen.
13. Thomas Mann, Leiden, 32.
14. Friedenthal II, 670.
15. Thomas Mann, Leiden, 13.
16. Safranski, Goethe, 137.
17. Safranski, Goethe, 311.
18. Vgl. dazu die ausführlichen Angaben bei Strauss, Goethes Wanderjahre, 35 ff.

19. Strauss, Goethes Wanderjahre, 55 ff.
20. Strauss, Goethes Wanderjahre, 29 ff.
21. Strauss, Goethes Wanderjahre, 61 ff.
22. Strauss, Goethes Wanderjahre, 79 ff. Dort finden sich die Belege für das Auftreten der Neuen Welt in Goethes Werken.
23. Strauss, Goethes Wanderjahre, 93 ff. Dort finden sich die Belege für Goethes Auftreten als literarische Figur.
24. Thomas Mann, Leiden, 23.

www.ingramcontent.com/pod-product-compliance
Ingram Content Group UK Ltd.
Pitfield, Milton Keynes, MK11 3LW, UK
UKHW021828210426
5322IPUK00004B/72